Gottfried Egger OFM

Hingerissen von der Liebe Gottes

Leben und Spiritualität
des hl. Josef von Copertino OFMConv.

Gottfried Egger OFM

Hingerissen von der Liebe Gottes

Leben und Spiritualität des hl. Josef von Copertino OFMConv.

fe

Umschlagsabbildung:
Auf einer Reise des hl. Josef von Copertino von Fossombrone nach Osimo wurde der Heilige am 9. Juli 1657 beim Anblick der Basilika von Loreto emporgerissen. Das Bild von Ludovico Mazzanti (1686–1775) hängt in der Sakristei der Josefsbasilika in Osimo.

Kirchliche Druckerlaubnis:
Bruder Kustos

Erstmals erschienen 2014 im EOS Verlag Sankt Ottilien

Hauptstraße 22, 88353 Kißlegg,
www.fe-medien.de

ISBN 978-3-86357-263-1

Bilder mit freundlicher Erlaubnis des Shalom-Verlags aus dem Buch „Il Santo delle meraviglie", Camerata Picena 2012: S. 21 (oben), 22, 29, 43, 57, 61, 64, 67 (gemaltes Bild von Angelo Cesselon, ital. Maler 1922-92), 72, 73, 80, 82, 85, 91, 94, 98, 103, 105, 108, 112, 117, 119, 123, 128 (unten).
Restliches Bildmaterial: Archiv P. Gottfried Egger OFM, Fotos Silvia Tischhauser.

Bibliografische Information der Deutschen Bibliothek.
Die Deutsche Bibliothek verzeichnet diese Publikation in der Deutschen Nationalbibliografie; detaillierte bibliografische Angaben sind im Internet unter http://dnb.ddb.de abrufbar.

Druck: orth-druk, Bialystok (Polen)
Printed in EU

Inhaltsverzeichnis

ANHANG

Zeitgenössische Ikone des hl. Josef von Copertino in Assisi.

Zum Geleit

Am 18. September 2013 jährte sich zum 350. Mal der Heimgang des ‚Heiligen der Flüge', wie der Heilige aus Copertino auch genannt wird.

Das Leben des hl. Josef von Copertino zeigt uns, dass Gott auch auf krummen Zeilen gerade schreiben kann. Der Heilige aus Apulien hatte keine hervorragenden Eigenschaften geerbt, weder physische noch intellektuelle. Dennoch sollte der tollpatschige Josef Maria Desa einer der bekanntesten Heiligen und grossen Mystiker unserer Kirche werden. Sein Leben zeigt uns, was Gottes Gnade in einem Menschen alles vermag, wenn er bereit ist, mit ihr zu arbeiten.

Bei Josef ist wahr geworden, was der Apostel Paulus in 1 Kor 1, 27 formuliert: *„Gott hat das Törichte in der Welt erwählt, um die Weisen zuschanden zu machen, und das Schwache in der Welt hat Gott erwählt, um das Starke zuschanden zu machen…"*

Der hl. Josef von Copertino wird, wie oben erwähnt, auch der ‚Heilige der Flüge' genannt. Eine seltsame Bezeichnung. Aber es ist eine Tatsache, Br. Josef ist an die 70 Mal frei in der Luft geschwebt. Diese aussergewöhnliche Fähigkeit entgegen den Gesetzen der natürlichen Schwerkraft mag besonders heutige Menschen skeptisch stimmen. Aber man irrt sich, wenn man glaubt, dass nur heutige aufgeklärte Menschen damit ihre Schwierigkeiten haben. Bereits zu seinen Lebzeiten (1603-1663) hat der Heilige aus Apulien seine Zeitgenossen gespalten, nämlich in begeisterte Bewunderer und in grosse Skeptiker.

Was hat dieser eigenartige Mystiker aus der frühen Neuzeit uns Menschen von heute zu sagen?

Wir können eigentlich die übernatürlichen Charismen des Heiligen aus Apulien nur mit ehrfürchtigem Staunen betrachten, denn sie sind unserer persönlichen Erfahrung meistens sehr fremd. Br. Josef kommt uns als wahrer Sohn des hl. Franz v. Assisi viel näher, wenn wir nicht nur sensationslustig beim Aussergewöhnlichen stehenbleiben, sondern vielmehr sein ganzes Leben im Blick haben. Dabei stellen wir fest, dass es ein Leben war, das dem vieler Menschen seiner Zeit sehr ähnlich war: ein Leben, geprägt von Entbehrungen, Rachelust, Missverständnissen, Krankheit und Alleinsein. Br. Josef war ein echter Franziskaner, ein Minderbruder, der in seiner wahrlich nicht leichten Situation, immer wieder nach dem Willen Gottes fragte, ihn erkannte und ausführte. Da ist er uns Heutigen ein wahres Vorbild. Ein Mann, der zwar zum Teil von der Kirche verfolgt wurde, weil diese ihn missverstand, der aber nicht aufhörte sie trotzdem zu lieben und ihr zu dienen. Seine Demut und sein Gehorsam sind beispielhaft und machen aus ihm wirklich einen Mann der Seligpreisungen Jesu.

Heiliger Josef von Copertino, bitte für uns und unsere Kirche!

Ostern 2014, im 350. Jubiläumsjahr
des Heimgangs des hl. Josef von Copertino

Mein Brief an Dich!

Lieber Br. Josef

Als Du am 17. Juni 1603 nach Deiner Geburt im Viehstall in eine Krippe gelegt wurdest, hatte noch nichts darauf hingedeutet, dass Du einmal eine solche Berühmtheit erlangen würdest.

Die Schule konntest Du wegen Geschwüren an der Hüfte nicht zu Ende besuchen. Die Mitschüler hänselten Dich und nannten Dich nur ‚*bocca aperta*', weil du häufig mit sperrangelweit geöffnetem Mund vor Dich hinträumtest.

Bei dem Schuhmacher, bei dem Du in die Lehre gehen solltest, zeichnetest Du Dich durch absolute Ungeschicklichkeit und völlige Zerstreutheit aus.

Das Kapuzinerkloster, in dem Du acht Monate lang gelebt hast, warf Dich hochkant wieder hinaus, weil Du einfach zu tollpatschig warst, um ‚schwarzes von weissem Brot zu unterscheiden' und dazu beim Auftischen ständig das Geschirr zerschlugst.

Kurzum, Du schienst wirklich wie ein Dummkopf und Tölpel, der zu nichts fähig war, so dass keiner Dich deshalb gebrauchen konnte.

Dank Deiner Verwandten, konntest Du dann in den Franziskanerorden eintreten, vorerst als Klosterknecht, danach als Tertiar, etwas später liess man Dich sogar Theologie studieren. Die theologischen und philosophischen Studien konntest Du kaum bewältigen. Obwohl Du ganz intensiv studiertest, konntest Du Dir kaum etwas merken. Hinzu kam die lähmende Prüfungsangst. Dank Deiner gut ausgebildeten Mitexaminanden, die hervorragende Resultate erzielten, wurde Dir das Examen zur Priesterweihe geschenkt. Du schriebst das dem Fürbittgebet Mariens zu.

Deine ersten Priesterjahre verbrachtest Du in Deinem Lieblingsheiligtum bei Deiner Mutter Maria, der Grottella in Copertino. Hier ereignete sich am Franziskusfest, am 4. Oktober 1630, Dein ‚erster Flug'. Eben war die Festtagsprozession zu Ehren des hl. Franz vorangeschritten, auf einmal schwebtest Du in Ekstase über den Köpfen der Menge dahin. Wie man sich leicht vorstellen kann, gerieten die südländischen Prozessionsteilnehmer völlig ausser sich. Das Geschrei in der Grottella muss ohrenbetäubend gewesen sein: Einige staunten, andere weinten und schrien, wieder andere bekannten vor einem solchen Wunder lauthals ihre Sünden. Du bist bei ‚der Landung' nach diesem ersten Flug derart erschrocken, dass Du Dich schnurstracks in Deine Zelle verkrochst.

Alles Verstecken half nichts, Deine erstaunlichen Fähigkeiten machten die Runde wie Lauffeuer. Wenn Du eine Messe zelebriertest, entstanden regelrechte Menschenansammlungen. Fielst Du in Ekstase, so traktierten Dich die Beobachter mit Kerzenflammen und stachen Dich gar mit Nadeln, um Deine Unempfindlichkeit zu prüfen.

Dein Name als Wundertäter verbreitete sich rasch. Du hattest die Gabe der Heilung, des Hellsehens, der Herzensschau und viele andere Charismen, das alles konnte nicht verborgen bleiben, auch nicht bei den kirchlichen Obern. Als Du in der Kathedrale in Giovinazzo, unweit von Bari, beim Eintreten in die Kirche schnurstracks zum ausgesetzten Allerheiligsten flogst, verklagten Dich die dortigen Kirchenmänner bei der Inquisition als falschen Messias und bezeichneten diese ausserordentlichen Dinge als zu Schau gestellte Heiligkeit.

Das Verfahren der Inquisition endete zwar mit einem Freispruch, dennoch wurdest Du gezwungen Deine geliebte süditalienische Heimat Copertino zu verlassen. Die Inquisition verbannte Dich nach Assisi ans Grab Deines Ordensgründers Franziskus.

Nirgendwo konntest Du so lange bleiben wie da.

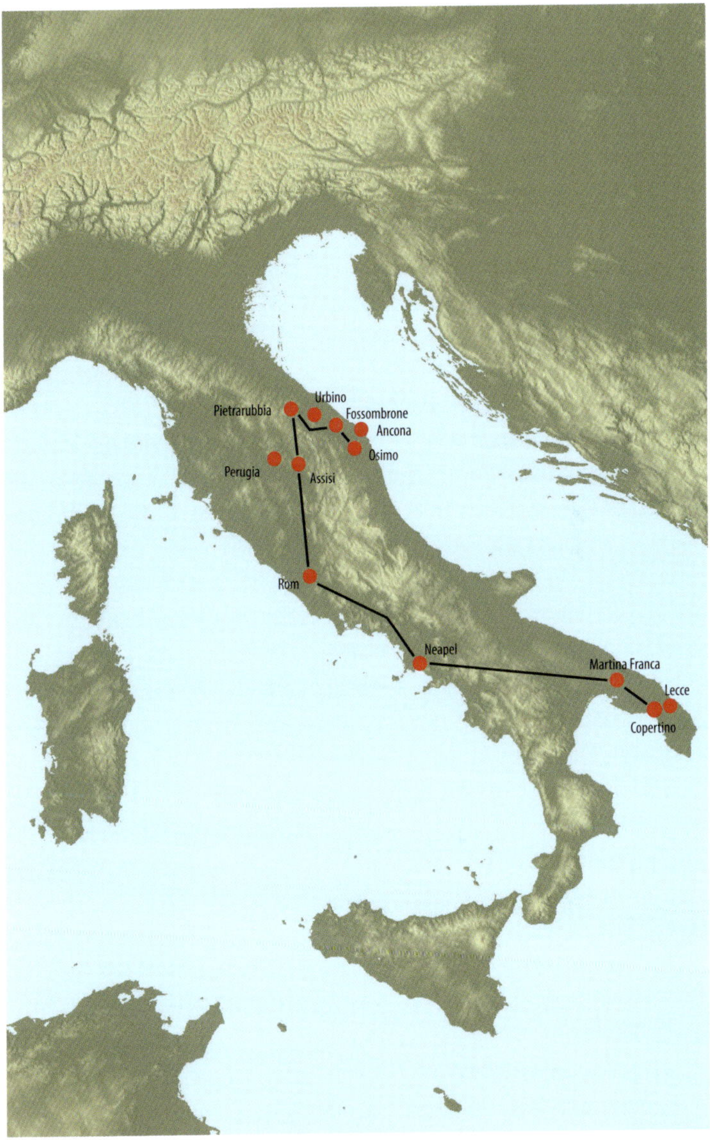

Der Lebensweg des hl. Josef von Copertino vom Geburtsort Copertino bis hin zur letzten Ruhestätte in Osimo.

Der Andrang der Menschen, die Dich in Deiner isolierten Zelle besuchten, blieb nicht aus. Die Besucher wurden immer prominenter; zahlreiche Botschafter, Grafen, Fürsten und Könige, Bischöfe und Kardinäle besuchten Deine schlichte Klosterzelle. Wer Dich dann in der Luft herumschweben sah, bekehrte sich zumeist gleich an Ort und Stelle. Durchreisende Protestanten wie z. B. der Herzog von Braunschweig und Lüneburg nahmen den katholischen Glauben an, weil sie vom Feiern Deiner Messen mit den zahlreichen Ekstasen zutiefst berührt waren. Den Ritter Baltasar Rossi heiltest Du gar vom Wahnsinn, als Du ihn in einer Ekstase beim Haarschopf packtest und ein Stück weit emportrugst.

Nach 14 Jahren Assisi wurdest Du in einer wahren Nacht- und Nebelaktion durch die Inquisition nach Pietrarubbia in die Mark Ancona in ein Kapuzinerkloster verbannt. Da Deine geheime Versetzung sich aber dennoch wie ein Lauffeuer verbreitete, kamen viele Leute dorthin und wollten Dich sehen. Ja, sie deckten sogar das Dach der Klosterkirche ab, um beim Zelebrieren Deiner Messe dabei zu sein. Das kirchliche Gericht brachte Dich deshalb an einen noch isolierteren Ort, ins Kapuzinerkloster Fossombrone. Nach gut drei Jahren konntest Du, allerdings in Geheimhaltung, ins Franziskanerkloster Osimo übersiedeln.

Bei Deiner Ankunft im Juli 1657 vor den Toren Osimos sahst Du über der Basilika von Loreto Engel auf- und niedersteigen. Bei diesem Anblick gerietest Du in eine solche Ekstase, dass es Dich bis hinauf zum Giebel einer Scheune trug.

In Osimo ereigneten sich durch Deine Anwesenheit so viele Wunder, dass sie nicht mehr verheimlicht werden konnten.

Zu diesen Wundern zählte auch die vorbildliche Umwandlung der bisher eher laxen Gemeinschaft in ein vorbildliches Kloster, erfüllt von religiösem Eifer und apostolischem Geist.

Auch wenn Du in Osimo nach wie vor abgeschieden leben musstest, gelangten ständig neue Gebetsanliegen an

Der hl. Josef von Copertino reißt in einer Elevation einen Mann mit sich nach oben und heilt ihn.
Dieses Bild befindet sich in der ehemaligen Zelle von Br. Josef im Sacro Convento in Assisi (vgl. S. 80).

die Gemeinschaft. Du erfuhrst das Leid und die Not so vieler Menschen, die sich Deinen Gebeten anvertrauten. Du heiltest, prophezeitest, hobst immer wieder in Verzückung ab, tanztest vor Freude mit einer Nachbildung des Jesuskindes in den Armen.

Deine Mitbrüder erbautest Du mit Deinen religiösen Gesängen und Dichtungen.

Du hattest bereits bei Deiner Ankunft in Osimo vorausgesehen, dass Du diesen Konvent nicht mehr verlassen würdest.

Als Du im September des Jahres 1663 nach einer monatelangen Krankheit im Kreise Deiner Mitbrüder verstarbst, erstrahlte Dein Gesicht, als ob die Sonne es erleuchtete.

Ja, Bruder Josef, Du bist wirklich ein ausserordentliches Phänomen. Nicht umsonst wirst Du zu einer der ungewöhnlichsten Gestalten der Mystik gezählt.

Als ich letztes Jahr an Deiner Grabstätte weilte, durfte ich danach auch die drei Räume sehen, die Du während sechs Jahren bewohnt hast und in denen Du schliesslich starbst. Alles ist hier liebevoll gehalten und gepflegt. Ich durfte auch Dein Bett sehen: Ein grob gefertigter Bretterverschlag mit einer schmalen Pritsche und einem Stück Bärenfell, mit dem Du Dich zudecktest. Wie hast Du einfach im Geist des Poverellos gelebt!

In den beiden anderen Räumen finden sich Gegenstände, Essschüsseln, Rosenkränze, die Feuerstelle, ein Altar, auf dem Du immer wieder zelebriertest. Das Bild der Grottella-Maria mit dem Kind, das Du ja so innig liebtest und vieles andere mehr.

Dass Du ein besonderer Patron der Schüler und Studenten bist, zeigen uns da auch mehrere Vitrinen, die angefüllt sind mit Kopien von Zeugnissen, Diplomen und Doktorarbeiten. Sie sind Ausdruck der Danksagung für gut bestandene Examen auf Deine Fürbitte hin. Es wird erzählt, wenn in Italien die Maturaprüfungen anstehen, dann platzt das Gästebuch auf der Webseite des Heiligtums von Osimo aus allen Nähten. Nicht nur Schüler und Studenten bitte Dich um Hilfe, auch deren Eltern und Verwandten wenden sich vertrauensvoll via Internet an Dich. Deine Mitbrüder im Kloster versprechen, in allen Anliegen zu beten und bei Dir, dem Heiligen der Studenten, Zuflucht zu nehmen.

Das Gleiche gilt von den Fliegern und Piloten. Da sind manche, die Dir wegen einem gut überstanden Flug danken oder dafür um Dein Bittgebet flehen. Denn Du bist ja auch ‚der Heilige der Flüge'.

Im 2. Weltkrieg haben Dich amerikanische Kampfpiloten als ihren Patron betrachtet. Sie prägten sogar eine eigene Münze von Dir, wie Du mit einem Kreuz als ihr Schutzpatron in den Lüften fliegst. Auf der Münze der US Army steht folgender Ausspruch: *St. Joseph Cupertino – protect our pilots,* hl. Josef von Copertino – beschütze unsere Piloten. Auf der Vorderseite: *The lord opened his wings and lifted him up bore in his arms – St. Joseph of Copertino – O.F.M. Conv,* Der Herr öffnete seine Flügel und hob ihn empor und trug ihn in seinen Armen – hl. Josef von Copertino – O.F.M. Conv.

2001 erklärte Dich in Argentinien der damalige Militärbischof zum Patron der Militärluftwaffe des Landes. Die italienische Luftwaffe ‚begleitete' bis dahin schon mehrere Male Deine Prozession an Deinem Festtag, dem 18. September am Himmel über Copertino.

Lieber Bruder Josef, Du warst vorerst ein Mensch, den niemand wollte und brauchen konnte. Du warst ein unnützer Träumer und ungeschickter Tölpel, bis Gott kam und Dich ganz vereinnahmte.

Du hast Dich von IHM so ergreifen lassen, dass Du regelmässig vor Entzücken den Boden unter den Füssen verlorst. Du wurdest buchstäblich hingerissen von der Liebe Gottes.

Danke für Dein wunderbares Zeugnis Deiner grossen Liebe und Demut. Hilf auch uns, dass wir uns von der Liebe Gottes ergreifen und führen lassen. Dein Weg war ein langer

Gedenkmünze der US-Army mit dem schwebenden hl. Josef von Copertino als Fliegerpatron und der Bitte „PROTECT OUR PILOTS".

und schmerzhafter Leidensweg. Die zahllosen Prüfungen im Laufe Deines Lebens, die verschiedensten schmerzhaften Erfahrungen im menschlichen und kirchlichen Bereich, Verkennung und Ungerechtigkeiten stählten Dich und liessen Dich fortschreitend den grossen inneren Reichtum erkennen, der Dir damit angeboten wurde. Gegen niemanden und nichts hast Du rebelliert, hast alles in Liebe und Demut angenommen. Es hat Dich nach Deinem eigenen Zeugnis zwar viele Tränen gekostet, aber Du hättest diesen Schatz nicht um tausend Welten eingetauscht. Du bist wirklich durch einen Weg der verschiedensten Kreuze zur Herrlichkeit gelangt.

Danke für Dein aussergewöhnliches Zeugnis und Beispiel. Bereits zu Lebzeiten hast Du vielen Menschen in verschiedenster Weise geholfen. Du hilfst auch uns Heutigen, wenn wir Dich, den überzeugten Sohn des hl. Franz von Assisi, vertrauensvoll anrufen und Dir, dem wahren Mann der Seligpreisungen Jesu, unsere Bitten und Anliegen anempfehlen.

Danke für Dein wunderbares, evangelisches Lebenszeugnis. Danke für Dein stetes Fürbittgebet für uns!

Dein Mitbruder Br. Gottfried

LEBENSLAUF

Heimat Copertino

Beinahe ganz unten im Stiefelabsatz Italiens, im Süden Apuliens, liegt die Heimat unseres Heiligen: Copertino, gut 15 km vom Provinzhauptort Lecce entfernt. Unweit von Copertino befindet sich die alte Bischofsstadt Nardò. Copertino ist ein kleines historisches Städtchen mit einfachen weissen Häusern, umgeben von zahlreichen Weinbergen und Olivenhainen. Es ist die Region von Otranto mit dem berühmten Hafen, von dem aus sich viele Kreuzfahrer ins Hl. Land einschifften. Zur Zeit des Heiligen gehörte der Ort zum Königreich Neapel.

Die Geschichte unseres Heiligen aus dem Salento[1] beginnt im 17. Jahrhundert. Am 17. Juni 1603 wurde den Eltern Felice Desa und Franceschina (Franziska) Panaca ihr letztes Kind in die Wiege gelegt. Sechs Kinder hatte die Mutter bereits geboren. Alle starben sehr früh, ausser Livia und ihr um zwei Jahre jüngerer Bruder Josef Maria, der in einem Stall geboren wurde. Den Grund, warum das so war, werden wir später erfahren.

Vater Felix arbeitete als Wagner. Er war Angestellter der Herren Pinelli, Grafen von Copertino und Fürsten von Aderenza. Ihm vertrauten die adeligen Herren ihr Schloss als Wächter an, man nannte ihn deshalb *Castellano*. Leider unterzeichnete der gutgläubige Felix als Bürge einen Wechsel für Freunde, die sich in finanziellen Nöten befanden. Als der Wechsel fällig wurde, wollten oder konnten diese Freunde nicht bezahlen: 1000 Dukaten, sehr viel Geld, für die nun Vater Felix aufkommen musste. Weil er das unmöglich bezahlen konnte, kam er vor Gericht. Es blieb ihm keine andere Möglichkeit als zu fliehen und sich zu verstecken. Der Unglückliche befand

1 Südlichster Teil Apuliens.

sich von dem Moment an auf der Flucht zwischen Kirchen und Klöstern, wo er Asyl genoss und nicht verhaftet werden konnte. Oft kam er in der Nacht spät nach Hause, um bei der Familie nach dem Rechten zu sehen. In dieser grossen Not wandte er sich an den Adeligen Pompeo Moretti. Dieser versprach ihm Schutz. Felix musste dafür auf seinen Feldern und Äckern arbeiten, auch kümmerte er sich um die Wagenräder seines Gutsbesitzers. Während 16 Jahren verdingte er sich für diesen Fürsten und dies in aller Heimlichkeit. Ein gehetztes, verpfuschtes Leben! Die Familie musste nicht nur den Vater und Gemahl entbehren, sie musste auch in der Zwischenzeit für dessen Schulden vieles verkaufen, und das Gericht konfiszierte im Haus der Familie Desa noch das Wenige, das da war.

Bei der Geburt des letzten Kindes Giuseppe war es so: Die Gerichtspolizei klopfte an jenem Tag an die Haustür der Familie Desa mit den folgenden Worten: „Im Namen der Majestät, dem König von Neapel, öffnet die Tür!" Die Türe blieb verschlossen. Die Polizisten brachen sie mit Gewalt auf und fanden niemanden. Vater Felix war auf der Flucht und Mutter Franceschina ebenso, die kurz vor dem Herannahen der Behörden in den Stall der Familie geflohen war. Dort gebar sie Giuseppe Maria. Wie Jesus und wie Franziskus ist auch Josef von Copertino in einem Stall geboren; wenn das nicht ein ganz spezielles Omen ist! Die alten Biographen[2] des Heiligen von Copertino heben hervor, dass dieser gleich dem andern Zimmermannssohn nicht in einem häuslichen Raum das Licht der Welt erblickt habe.

---

2 P. Robert Nuti OFMConv, ein Mitbruder, der mit dem Heiligen gelebt hatte, wurde vom damaligen Ordensgeneral beauftragt, bereits im Todesjahr des Heiligen eine Biographie über ihn zu verfassen. Der Augenzeuge sammelte das nötige Material und gab nach 15 Jahren die erste Biographie heraus. Eine Generation später folgte eine zweite. Nach der Seligsprechung veröffentlichte P. Angelo Pastrovicchi OFMConv. auf Veranlassung Benedikts XIV. die dritte Biographie, die noch im gleichen Jahr 1753 ins Deutsche übersetzt wurde.

Elternhaus von Josef Maria Desa. Gleich auf der anderen Strassenseite befindet sich das Heiligtum des hl. Josef von Copertino. Es wird von den Franziskaner-Konventualen OFM Conv. betreut.

Gedenktafel vor dem Elternhaus.

Altar im Geburtsstall von Copertino. Der Geburtsstall ist heute in die Josefskirche integriert.

Herz des Heiligen im Geburtsstall.

Mutter Franceschina war eine hart geprüfte Frau. Die Ungewissheit wegen des Aufenthaltes des geflohenen Gatten, die Schuldenlast, dazu der frühe Tod von vier Kindern, das alles hatte sie verhärtet und streng gemacht. Unter ihrem strengen Regiment hatte Josef stark zu leiden. Er war unter seinen Altersgenossen ein Sonderling. Sie lachten ihn aus, nahmen ihn nicht ernst, da er oft sehr zerstreut und mit seinen Gedanken anderswo war. Er wurde deshalb oft gehänselt und entwickelte sich darüber zu einem Raufbold.

Josef wurde gross und stark. Er zog sich von den Spielen der Kinder zurück, um mit der Mutter in die Kirche zu gehen. Er brachte Blumen für den Altar, nahm an der hl. Messe teil und half dem Sakristan. Mit unschuldigem Staunen brachte er seine Kindergebete dem Kinde Gottes dar: In kindlicher Ergriffenheit schenkte er Jesus sein junges Herz. Im Bewundern der heiligen Dinge, beim Duft des Weihrauchs und beim Klang der Orgel schmolz er einfach dahin. Hier liegen wohl die Wurzeln seiner Ekstasen. Er war aber auch leicht zum Zorn zu reizen. Eines Tages, er war vielleicht 16 Jahre alt, bekam er ein neues Kleid, sogar ein Schwert hängte er sich um und trug einen Hut auf dem Kopf. Ein Mann auf der Strasse machte sich deshalb über ihn lustig, ja beleidigte ihn. Vom Zorn gepackt verpasste er dem Spötter eine Ohrfeige und bedrohte ihn mit dem Schwert. Es hätte wahrlich bös ausgehen können. Als die Mutter von diesem Zwischenfall erfuhr, erwartete sie den Heimkehrenden beim Eingang ihres Hauses. Die gestrenge Frau liess nichts ungestraft. Sie schlug ihn mit Stöcken auf den Kopf und verwies ihm die Tür, so dass er draussen übernachten musste. Der Portikus der Pfarrkirche bot ihm Obdach. Nur durch das Mitleid seiner Nachbarn und Verwandten konnte die Mutter überzeugt werden, ihren Sohn wieder nach Hause zu lassen. Nicht umsonst sagte später Giuseppe über diese Zeit: *„Das erste Noviziat habe ich zu Hause bei der Mutter absolviert."*

Eingang zur Pfarrkirche S. Maria vom Schnee in Copertino. Hier empfing der hl. Josef das Sakrament der Taufe.

Taufkirche S. Maria vom Schnee – Mutterkirche von Copertino.

Schulzeit – Schimpfname: Offener Mund, ‚Bocca aperta'

Obwohl die Eltern nicht über viele finanzielle Mittel verfügten, wollten sie, dass Josef die Schule besuchte. Dazu beigetragen hat wohl, dass Josef drei sehr gebildete Onkel im Franziskanerorden hatte: Magister Giandonato Caputo, Stiefbruder der Mutter, P. Gianbattista Panaca, ein weiterer Bruder seiner Mutter, und P. Franceschino Desa, ein Bruder des Vaters.

Mit sieben Jahren besuchte Josef die Schreibschule. Solche Schulen entstanden damals in Klöstern und Pfarrhäusern und ermöglichten es den Kindern, rechnen, schreiben

Links: Taufstein, an dem Josef getauft wurde. Rechts: in den engen Gassen von Copertino.

und lesen zu lernen. Zerstreut und träumend zeichnete Josef nun Buchstaben um Buchstaben auf seine Tafel. Der Lehrer ertappte ihn oft dabei, wie seine Augen nach oben gerichtet waren… Eines Tages spielte ein Lehrer beim Gesangsunterricht in einem Nebenzimmer auf der Orgel, und die Kinder sangen dazu. Josef, damals ca. acht Jahre alt, hörte diese Musik, die er als magisch empfand. Er geriet komplett ausser sich, erstarrte, und mit einem Blick ins Dunkel und mit offenem Mund war er ganz erregt. Es schien, dass sein Verstand und sein Leib sich in einer Vision verloren, von einem fremden Frieden gepackt…Was hat er gesehen, woran hat er gedacht, mit offenem Mund? Das war seine erste Ekstase!

Über den Dächern von Copertino: Blick auf das Stadttor, heute Porta di S. Giuseppe da Copertino genannt. Seit der Heiligsprechung steht seine Statue auf dem Tor.

Über den Dächern von Copertino: Blick auf die Pfarrkirche S. Maria vom Schnee.

Kastell von Copertino. Hier war der Vater von Br. Josef, Felice Desa, Aufseher oder Wächter (Castellano). Rechts daneben das alte Stadtor mit der Statue des hl. Josef v. Copertino.

Aus diesem Grund nannten ihn seine Klassenkameraden von da an ‚*bocca aperta*' – ‚offener Mund'. Dies war von nun an sein Spottname. Leonhard Holtz sagt zu diesem eigentümlichen Geschehen: „Wer konnte auch erkennen, dass diese auffällige Geistesabwesenheit, in der er ganz versunken ist und unempfindlich gegenüber allem, was sich um ihn herum abspielt, nichts anderes ist als ein erster Anfang des völligen ‚Ausser-sich-Seins', das sich sehr früh – er ist kaum acht Jahre alt – zu mystischen Ekstasen steigern wird? ‚Mystisch' – heisst das nicht ‚geheimnisvoll'? Den Mitmenschen muss es mindestens rätselhaft vorkommen. Er kann es sich ja auch selbst nicht erklären."[3]

3 Leonhard Holtz, Josef von Copertino, Gottes Kraft in menschlicher Schwäche, 2. Aufl., Leutersdorf 1993, S. 10.

Heiligtum des hl. Josef von Copertino. Darin befindet sich heute auf der linken Seite des Kirchenschiffes der ‚Geburtsstall des Heiligen'.

Heiligtum von Galantone S. Maria delle Grazie. Hier lebte der Eremit, der den jungen Josef Maria Desa operierte.

Fünfjährige Krankheit und wundersame Heilung

Eines Tages wurde Josef von einer seltsamen Krankheit heimgesucht, die ihn rund fünf Jahre ans Bett fesselte. Ein bösartiges Geschwür an der Hüfte verursachte grosse Schmerzen und nahm ihm jegliche Kraft aufzustehen. Die Tage gingen langsam vorüber. Sein Leiden wurde im langen Sommer mit der grossen Hitze noch unerträglicher. Er geriet in eine grosse Einsamkeit, da er kaum Besuche hatte. Die Nachbarn befürchteten, sie könnten sich bei ihm anstecken. Zu all dem kam noch, dass der junge Mann am Kopf mit Wunden übersät war, die einen üblen Geruch hinterliessen. Nur die Eltern und seine Schwester Livia verliessen ihn nicht. Der Vater kam heimlich in der Nacht, besuchte und tröstete ihn. Die Mutter tat alles, um seine Schmerzen zu lindern und seine Krankheit zu heilen. Sie erzählte ihm in dieser Zeit der Krankheit

Operation von Josef Desa und Heilung durch die Gottesmutter, nachdem der Eingriff des Eremiten zu scheitern drohte.

oft aus dem Leben des hl. Franz von Assisi. Dieses faszinierte den jungen Kranken sehr. Auf sein Betteln hin brachte ihn die Mutter sogar in die Kirche, wo er in der Stille vor dem Tabernakel verweilen konnte.

Mamma Franceschina suchte Hilfe bei den verschiedensten Ärzten in der Umgebung, leider erfolglos. Es wurde keine entsprechende Medizin für den armen Jungen gefunden, kein Zeichen der Besserung war in Aussicht.

Josef harrte fünf voll Jahre in der Stille und Einsamkeit des Krankenlagers aus. Während diesen Stunden, Monaten und Jahren des Leidens betete er sehr viel. Er wandte sich auch an die Gottesmutter. Seine Schwester Livia bezeugt: „Er ertrug die Krankheit mit grosser Geduld."

Eines Tages begegnete die Mutter einem Eremiten, der auf der Durchreise war. Er war ein weiser Mann, ein Chirurg, der über viele Jahre im Spital der Unheilbaren in Neapel tätig gewesen war. Er nahm sich des jungen Mannes an, ließ ihn auf eine Tischplatte legen, danach auf den Rücken eines Esels laden und zur hl. Mutter Maria delle Grazie nach Galantone bringen. Der Chirurg begann, das Fleisch des Jungen aufzuschneiden und reinigte die Wunden. Zwischen Stöhnen und verzweifelten Schreien Josefs wurde das verfaulte Fleisch entfernt. Der Eremit rief den hl. Franziskus an. Josef wurde bewusstlos. Zwei Stunden blieb er unbeweglich, ja wie tot. Nachdem der Chirurg die Wunde mit verschiedenen Medikamenten behandelt hatte, nähte er sie zu und goss Öl aus der Votivlampe der Muttergottes von Galantone darauf. Auf einmal erhob sich der Junge und begann herumzulaufen: Er war geheilt. Auf einen Stock gestützt ging er nach Hause. Zum Zeitpunkt dieser Heilung war Josef 16 Jahre alt.

Unfähiger Arbeiter, zu nichts zu gebrauchen

Der junge Desa konnte nicht mehr in die Schule zurück, es war nun an der Zeit, ein Handwerk zu lernen. Für den Beruf seines Vaters als Schreiner und Wagner war er nicht geeignet. So verkaufte er für den Fürsten Jago della Porta Rosshaare für Matratzen und Kissen. Das Metier des Verkäufers war aber nur von kurzer Dauer. Er wurde nun Gehilfe bei einem Schuhmacher, litt aber sehr stark unter Zerstreuung. Beim Nähen und Stopfen konnte er sich nicht konzentrieren. Statt den Pechfaden durch das Leder zu ziehen, schaute er den Fliegen nach. Er verlor sich total, während der Haufen Schuhe neben ihm immer grösser wurde. Seine Leistung liess in jedem Bereich zu wünschen übrig, und so wurde er schliesslich von seinem Meister weggeschickt, mit der Begründung: Für den Schuhmacherberuf völlig ungeeignet!

In ihm wuchs nach und nach der Wunsch, sich ganz Gott im Ordensstand zu weihen. Aber wo konnte dies sein? An welche Ordensgemeinschaft sollte er sich wenden?

Suche nach einem geistlichen Weg. Versuch bei den Kapuzinern

Die lange Krankheit hatte den Heranwachsenden total verändert. In der Zeit des Leidens hatte er viel gebetet. Im Zimmer baute er sich einen Altar auf, vor dem er Kerzen und Bilder hinstellte. Davor verrichtete er seine Gebete, rezitierte Litaneien und betete den Rosenkranz. Wenn es ihm die Zeit erlaubte, besuchte er das Heiligtum der Muttergottes von der Grottella an der anderen Seite des Städtchens Copertino. Zeit seines Lebens blieb er mit diesem Heiligtum verbunden. Vor dem Marienbildnis verbrachte er viele Stunden. Hier wuchs die innige Verbindung zu seiner ‚*Mamma mia*', wie er sie liebevoll nannte. Zu dieser Zeit suchte er auch die verschiedensten Kirchen und Kapellen in der Umgebung auf.

Eines wurde für den Suchenden immer klarer: Er wollte nach der Regel des hl. Franz von Assisi leben. Das Heiligtum der Grottella wurde von den Franziskaner-Konventualen, den Schwarzen Franziskanern[4], geführt. Hier lebte auch sein

---

4 Der Orden des hl. Franz trennte sich 1517 in den Zweig der Konventualen (OFMConv. = Ordo Fratrum Minorum Conventualium, Orden der

Noviziatshaus der Kapuziner in Martina Franca (heute im Besitz der Somascher Patres).

Kreuzgang (links) und Noviziatsgang (rechts) des Klosters in Martina Franca.

Onkel P. Giandonato Caputo. Der scheue Josef brachte nicht den Mut auf, mit ihm über seinen möglichen Berufungsweg zu sprechen. Etwas später wandte er sich an die beiden anderen Onkel, welche sehr gebildete Franziskaner waren. Beide befanden Giuseppe zu unwissend und zu tollpatschig, so dass sie den Oberen abrieten, ihren Neffen in den Orden aufzunehmen. Josef gab aber nicht auf.

Er wandte sich an die Franziskaner-Reformaten[5] vom Kloster S. Maria di Casole. Diese Brüder lebten äusserst arm und ganz streng nach der Regel des hl. Franziskus. Dieser Reformzweig der Franziskaner hatte damals im Salento ca. 15 Klöster. Josef hielt sich oft bei ihnen auf und verrichtete für sie kleinere Arbeiten. Eines Tages bat er um Aufnahme. Der Obere zögerte, ohne sich dabei klar auszudrücken und liess den Kandidaten im Ungewissen. Diese Haltung verdross den Entschlossenen.

Er klopfte an der Pforte der Kapuziner[6] von Martina Franca an. Hier wurde Josef endlich aufgenommen. Zusammen

---

Minderbrüder Konventualen), wegen der schwarzen Kutte ‚Schwarze Franziskaner' genannt, und in den Zweig der Observanten, der wegen der braunen Kutte den Namen ‚Braune Franziskaner' bekam. Zur Zeit des Heiligen trugen die Konventualen aschgraue Kutten.

5 Die Franziskaner-Observanten (OFM = *Ordo Fratrum Minorum*, Orden der Minderbrüder) waren die strengere Richtung der Franziskaner. Wegen des heftigen Ringens um die strengere Beobachtung der Regel – das meint Observant (lat. von ‚*observare*', beobachten) – ist dieser Zweig bis 1897 in vier Gruppierungen unter einem Ordensgeneral unterteilt gewesen: die Observanten (auch Sammelbegriff), die Rekollekten, die Reformaten und die Alkantariner, auch Diskalzeaten (Barfüsser) genannt.

6 Die Kapuziner (OFMCap = *Ordo Fratrum Minorum Capuccinorum*, Orden der Minderbrüder Kapuziner) entstanden aus den Observanten. Die Reformgruppe begann 1524 in der Mark Ancona ein eremitisches Leben zu führen. Deshalb war ihr Name vorerst: ‚Mindere Brüder vom Eremitenleben'. Später gab man ihnen wegen der spitzen, pyramidenförmigen Kapuze den Namen ‚*Cappuccini*', ‚Kapuzenträger'. Es ist der einzige Reformzweig der selbständig geblieben ist und nicht wie die anderen Gruppie-

mit zwei weiteren Kandidaten trat er in den Kapuzinerorden ein. Seine Mitnovizen wurden gleich als Kleriker[7] zugelassen, d.h. sie konnten sich nach dem Noviziat durch theologische Studien auf das Priestertum vorbereiten. *‚Fra Stefano'*, Br. Stefan, so war nun sein Name als Kapuzinernovize, wurde als Laienbruder in den Orden aufgenommen. Er war gerade 17 Jahre alt. Nichts anderes strebte er an, als ein guter Ordensmann zu werden.

Bereits am Anfang begannen die Schwierigkeiten. Alles, was Br. Stefan in die Hände nahm, misslang. Im Refektorium verwechselte er Weiss- mit Schwarzbrot. In seiner tollpatschigen Art zerschlug er beim Auftischen Tassen und Teller. Er wurde als Gehilfe in die Küche gestellt. Aber auch hier beschädigte er die verschiedensten Küchengeräte, stellte Pfannen verkehrt auf den Herd usw. In aller Demut bat er um Verzeihung, aber ‚mit dem Kopf in den Wolken' bewirkte er nur weiteres Chaos. Je mehr er etwas in Angriff nahm, desto verkehrter wurde es. Als Busse musste sich der arme Kapuzinernovize mit einem Strick um den Kopf alle zerschlissenen Küchengeräte, Tassen- und Tellerscherben umhängen. Welch ein Anblick!

Auch beim Gebet liefen die Dinge nicht besser. Sobald er einen Text der Hl. Schrift hörte, war er wie blockiert, staunte und es ging einfach nicht weiter. Die Mitbrüder betrachteten ihn als Faulpelz und Träumer, der nichts tun wollte und nichts

---

rungen zu einem Zweig der Franziskaner in der sog. Leoninischen Union (Papst Leo XIII.) im Jahre 1897 zusammengeschlossen wurde.

7 Damals wurden durch entsprechende Studien vorbereitete Brüder zum Klerikerstand zugelassen. In diesen Stand wurde man vorerst durch die sog. Tonsur (von lat. *‚tondere'*, scheren) aufgenommen. Es folgten danach die sog. Niederen Weihen: Akolyth, Lektor, Ostiarier, Exorzist. Es gab Kandidaten, denen nachher keine Höheren Weihen mehr erteilt wurden. Sie blieben dennoch zeitlebens Kleriker. Die Höheren Weihen des Subdiakons, Diakons, Priesters und Bischofs wurden danach erteilt. Heute wird der Kandidat mit der Weihe zum Diakon in den Klerikerstand aufgenommen.

Kirchenraum des Klosters in Martina Franca.

zustande brachte[8]. Eines Tages sagte ihm einer seiner Mitnovizen: „Du bist für gar nichts tauglich, weder für die Arbeit noch für das Geistliche." Fra Stefano fragte ihn höflich, was denn das Geistliche bedeute. Sein Mitnovize antwortete ihm: „Als Erster im Chor sein und als Letzter den Chor verlassen." Br. Stefan beherzigte dies. Als Erster kam er in den Chor, als Letzter verliess er ihn. Er betete überall, wo er sich aufhielt. Er betete nun Tag und Nacht.

Eines Tages hatte er Schmerzen im Bein, wohl die Folge seines langen Kniens. Über einen Monat sprach er mit niemandem darüber, weil er fürchtete, deswegen weggeschickt zu werden. Es handelte sich aber um einen Tumor. Die Schmerzen wurden immer unerträglicher. Nun versuchte der Novize, selbst den Tumor mit einem Messer zu entfernen. Die Brüder entdeckten schliesslich sein Leiden. Für längere Zeit wurde er bettlägerig. Kaum geheilt, wurde er vom Orden weggeschickt. Man erachtete ihn als nicht ehrlich, weil er nichts von seiner Krankheit erzählt hatte. Zudem war er nach dem Urteil der Oberen für die Arbeit überhaupt nicht zu gebrauchen. Nicht alle waren mit diesem Entscheid einverstanden. Einige ältere Mitbrüder erkannten die reine Absicht dieses schrulligen Novizen, konnten aber nichts ausrichten. Er musste gehen. Das Urteil der Oberen nach 8 Monaten Noviziat: „Absolut ungeeignet für den Orden. Albern und verwahrlost, unwissend und ungebildet." Br. Stefan weinte und flehte die Mitbrüder an, man möge ihn doch nicht wegschicken. Es half nichts! Die

---

8 Seine tollpatschige Art, seine auffallende Geistesabwesenheit, seine Ungeschicklichkeit, ebenso seine Konzentrationsunfähigkeit würden wir heute im medizinischen Begriff ADS, d.h. ‚*Attention Deficit Disorder*' bezeichnen. Das ist keine Krankheit, sondern einfach ein ganz besonderes Anderssein, das für den Betroffenen und seine Umwelt manchmal sehr schwierig sein kann. Diese Menschen können aber auch eine starke Begeisterungsfähigkeit entwickeln, sind spontan und meistens sehr sensibel. Sie können sich als Kommunikationstalente zeigen, die äusserst genial sein können. Josef Maria Desa gehört zu diesen Menschentypen.

Würfel waren gefallen. In Josef brach eine Welt zusammen. Später gestand er: *„Mir war mit dem Ausziehen der Kutte, als würde man mir die Haut vom Leib reissen."*

Der Ausgetretene findet einen Unterschlupf...

Auf dem Weg von Martina Franca nach Aventrana begegnete der Ex-Bruder dem Teufel in der Gestalt eines Ritters. Dieser sagte zu ihm, dass er ein Spion sei. Damit wollte er ihm Angst einflössen und ihn von der weiteren Gottessuche abbringen, so berichteten es die Biographen.[9] Aus Scham wegen seines Ordensaustritts wollte er sich in Copertino nicht blicken lassen.

In Aventrana, wo zur selben Zeit sein Onkel Fastenpredigten hielt, erzählte er diesem, was vorgefallen war. Der Franziskaner hörte ihm zu und teilte ihm zudem mit, dass sein Vater gestorben sei. Der Onkel erinnerte ihn auch daran, welch schweres Erbe der Vater ihm damit hinterlassen hatte. Als einziger männlicher Nachkomme musste er nun für die Schulden des Vaters geradestehen. Tausend Dukaten schuldete er dem Gericht. Ihm drohte die Kerkerstrafe, wenn er in die Hände der Gläubiger fallen würde. Das strenge Gesetz sah das damals so vor.

Bis zum Ende der Fastenzeit blieb Josef bei seinem Onkel.

Nach Ostern kehrte er zur Mutter nach Hause zurück. Er wollte die Schulden des Vaters unbedingt begleichen. Er befand sich in einer verzweifelten Lage. Wie konnte er das Geld eintreiben? Er ging von Haus zu Haus betteln. Niemand half ihm. Nun wandte er sich an den anderen Onkel, P. Giandonato Caputo im Kloster der Grottella in Copertino. Früher war er Provinzial in Apulien und Polen gewesen. Josef Maria bat ihn, ihn wenigstens als Oblaten in den Orden aufzunehmen.

---

9 Es wurden beim Heiligen immer wieder dämonische Einflüsse beobachtet, vgl. Kapitel: *Sein Kampf mit dem Leibhaftigen*, S. 133 f.

Er versicherte ihm, er sei bereit, die niedrigsten Arbeiten zu verrichten, wenn er nur von der Geldschuld des Vaters befreit würde. Als kirchlicher Gottesmann war er vor dem Staat immun. Das war aber nicht der Hauptbeweggrund, denn er wollte nämlich wirklich nichts mehr, als ganz für Gott da sein. Sein Onkel wies ihn ab. Auch die Mutter, die bei ihrem Verwandten für den Sohn vorstellig wurde, wies er ab. Als er weggehen wollte, begegnete er dem Küster-Bruder der Grottella. Dieser empfand mit Josef Mitleid. Er war ein Gottesmann mit einem grossen Herzen und sehr fromm. Erstaunt von der Hartherzigkeit seines Onkels, bot er ihm eine kleine Kammer auf dem Dachboden an, direkt neben dem Glockenturm der Klosterkirche. Dort versteckte er den Jüngling und sorgte für alles Notwendige. Er brachte ihm täglich die Essensreste aus der Küche. Zudem war er sehr darauf bedacht, dass er von niemandem entdeckt wurde. Josef musste wie ein Gefangener leben. War das eine Vorbereitung auf seinen späteren Weg?

Er betete in der Dunkelheit. Untertags konnte er sich nur kurz in der frischen Luft aufhalten. Ein halbes Jahr verbrachte er in diesem Verlies, in dem es zudem von Insekten wimmelte und das immer wieder auch von Ratten heimgesucht wurde. Josef verzweifelte nicht. Er fand grossen Trost bei seinem Freund Jesus Christus und seiner Mutter Maria, die ihn in seiner schwierigen Situation tröstete. Nur von Ferne hörte er die Gesänge der Brüder und roch den Weihrauchduft, dessen Schwaden durch die Ritzen in seine Dachzelle drangen. Die halbjährige, entbehrungsreiche Gefangenschaft setzte ihm sehr hart zu. Er magerte beinahe zum Skelett ab. Der gute Sakristan erbarmte sich seiner. So konnte es unmöglich weiter gehen! Er erzählte P. Desa, dem Bruder von Josefs Vater, von seinem tapferen Neffen, von dessen Tugendhaftigkeit und Stärke in dieser schwierigen Situation. Er sollte wirklich in den Orden aufgenommen werden!

Heiligtum der Franziskaner der Grottella.

Im Garten des Franziskanerklosters der Grottella.

Aufnahme als Tertiar und Zulassung zum Kleriker

P. Desa wollte seinem Neffen entgegenkommen. Er besprach die ganze Angelegenheit mit P. Caputo. Sie beschlossen, ihrem Neffen das Kleid eines Tertiaren[10] zu gewähren. Die franziskanische Kutte[11] bot ihm Schutz gegen die weltliche Gerichtsbarkeit. Josef durfte im Kloster der Grottella bleiben. Er war überglücklich. Nun konnte er als Klosterknecht dienen. Als Tertiar arbeitete er im Garten, verrichtete Reinigungsarbeiten, war Stallknecht seines Onkels, dessen Maultier er betreuen musste. Josef war fleissig und willig. Was für ihn so wunderbar war, er konnte vor allem beten. Mit 22 Jahren legte er die Gelübde ab und band sich damit für immer an den Franziskanerorden. Niemand machte sich mehr über ihn lustig. Nach einem strengen Arbeitstag zog sich der junge Bruder in seine Zelle zurück, um zu studieren. Beim nächtlichen Kerzenlicht übte er sich im Lesen und Schreiben, das er ja krankheitshalber all die Jahre vernachlässigt hatte. Mit eiserner Hartnäckigkeit machte er sich ans Werk. Eines Tages wurde ein Zimmernachbar gewahr, was Br. Josef tat. Diese Nachricht verbreitete sich schnell im Kloster. P. Caputo war sehr erstaunt über den Fleiss des Novizen. Dies brachte nun die Wende: Er erlaubt ihm, unter die Kleriker, die das Priestertum anstrebten, aufgenommen zu werden. Josef würde

10 In der franziskanischen Familie gibt es drei Orden. 1. Orden der Männer: Konventualen, Franziskaner, Kapuziner. 2. Orden der Frauen: Klarissen. 3. Orden: Weltleute. Später gab es auch sog. Kongregationen, die die Drittordensregel als Grundlage brauchten. Im 1. Orden war es oft Brauch, dass Brüder vor dem eigentlichen Eintritt in den 1. Orden zuerst eine Zeitlang dem 3. Orden angehörten und nachher eventuell in den 1. Orden aufgenommen wurden. Das war bei Josef Maria Desa der Fall.

11 Er bekam vorerst den sog. *Tertiarenhabit*. Dieser bestand aus Kutte mit Strick, allerdings ohne Kapuze.

Innenraum der Kirche der Grottella.

Gnadenbild der Gottesmutter der Grottella.

nach seinem Empfinden nie ein geistlicher Gelehrter werden, aber er könnte die Messe feiern und auf diese Weise dem kleinen, ländlichen Wallfahrtsort nützlich sein.

Für Br. Josef war das ein grosses Geschenk des Himmels. Mit noch mehr Fleiss setzte er sich hinter die Bücher. Er bekam die Dispens, sogar das Kleriker-Noviziat[12] in der Grottella absolvieren zu dürfen und so nicht wie die anderen Studentenbrüder nach Lecce ins Studienhaus übersiedeln zu müssen. Br. Josef freute sich des klösterlichen Lebens. Doch beim Chorgebet, bei den lateinischen Psalmen konnte er nicht im-

12 Josef hatte bis dahin erst als Tertiar gelebt und war durch die Profess im 3. Orden an den 1. Orden gebunden. Als Kleriker musste er Mitglied des 1. Ordens werden. Aus kirchenrechtlichen Gründen musste er nochmals ein Noviziat für Kleriker absolvieren. Durch Dispens wurde ihm gewährt, für das Klerikernoviziat in der Grottella bleiben zu dürfen.

Refektorium vom Franziskanerkloster der Grottella.

Im Kreuzgang.

mer Schritt halten. Hier spürte er die Grenzen, denn es fehlten ihm zum grossen Teil die Lateinkenntnisse, diese bereiteten ihm viel Kopfzerbrechen. Er musste auch die verschiedenen Kapitel der Ordensregel auswendig können. Dank seinen beiden Onkeln P. Caputo und P. Panaca musste er nicht die reguläre Ausbildung durchlaufen, sondern konnte durch gekürzte Kurse die Examen ablegen. Mit grosser Ernsthaftigkeit studierte er Dogmatik und Moral. Er musste doch gerade in der Verwaltung des Busssakramentes dereinst seiner priesterlichen Verantwortung gerecht werden. Die Brüder sahen seine Ernsthaftigkeit und seinen eisernen Willen, das Priestertum zu erreichen. „Geistliche Formung und Abtötung, wie es in der Sprache der alten klösterlichen Askese so anschaulich heisst, muss sein Bemühen um das nötige Wissen unterstützen – ja, es wird ihm wichtiger als alles andere."[13]

Br. Josef durfte 1626 die ewigen Gelübde ablegen, die ihn fortan an den 1. Orden des hl. Franz v. Assisi banden.

Aufstieg zum Priestertum, wundersamer Studienabschluss

Im Januar 1627 erhielt Br. Josef in der Bischofsstadt Nardò zuerst die Tonsur und danach die weiteren Niederen Weihen: Akolyth, Ostiarier, Lektor und Exorzist[14]. Am Monatsende wurde er Subdiakon[15], die erste Stufe zu den Höheren Weihen. Um danach zum Diakonat zugelassen zu werden, muss-

13 L. Holtz, a.a.O., S. 20.

14 Die Niederen Weihen, heute Beauftragungen genannt. Vgl. auch S. 36, Fussnote 7.

15 Mit dem Subdiakonat wurde er in den Höheren Klerus aufgenommen. Heute beginnt der Klerikerstand mit der Diakonatsweihe. Br. Josef empfing die Subdiakonatsweihe am 27. Febr. 1627.

te er ein Examen ablegen. Er studierte sehr viel, verbrachte aber auch viel Zeit im Gebet. Immer wieder, wenn er in den Büchern blätterte, sah er so viele Hindernisse vor sich, noch so vieles müsste er sich aneignen und das in so kurzer Zeit. Die Mutter Gottes gab ihm im Traum zu verstehen, er solle sich doch mit der Bibelstelle befassen, wo eine Frau zu Jesus sagte: „Selig der Leib, der dich getragen und die Brust, die dich genährt hat", und Jesus antwortete: „Selig sind die, die Gottes Wort hören und es befolgen" (Lk 11,27f).

Es nahte der Tag des Examens. Bischof Girolomo de Franchis von Nardò befragte ihn über den Vers: „Selig der Leib...". Br. Josef sollte diesen Vers kommentieren. „Zum Erstaunen aller Anwesenden legte der Einfältige gleich los, er wusste so viel darüber zu sagen, dass er fast kein Ende finden konnte. Der schwerfällige Josef wurde bei seinem Lieblingswort beredt und sprach darüber Dinge aus, die in keinem Buche standen. Endlich unterbrach ihn der Bischof, er fand den Kandidaten vortrefflich vorbereitet ..."[16]. Das Examen war bestanden! Br. Josef war überzeugt, dass hier die hl. Gottesmutter geholfen hatte.

Es musste noch die letzte Hürde genommen, das letzte Examen bestanden werden, um zur Priesterweihe zugelassen zu werden. Stunden um Stunden studierte der fleissige Student. Das Gebet tröstete und ermutigte ihn zugleich. Kurz vor dem Examen befielen ihn starke Ängste, das Schlussexamen nicht bestehen zu können. Einer seiner Freunde berichtet darüber: „Da er wusste, dass er in Literatur sehr schwach war, fürchtete er, vor der Prüfungskommission nicht bestehen zu können."[17]

Mit den anderen Klerikern aus Lecce reiste er nach Poggiardo. Hier wurde das Examen vor dem Bischof von Castro,

16 Walter Nigg, Grosse Heilige, 10. Aufl., München 1981, S. 371.

17 Gustavo Parisciani, Der heilige Josef von Copertino, Verzückung, Gefängnis und Heiligkeit, 2. Aufl., Osimo 1996, S. 11.

Kirche in Poggiardo, in der Br. Josef zum Priester geweiht wurde.

Äußeres und Altar der ehemaligen Klosterkirche Santa Maria degli Angeli in Poggiardo. Hier feierte Br. Josef seine erste Heilige Messe.

Gianbattista Deti abgelegt. Es war bekannt, dass der Bischof von Castro in Examen sehr streng war. Als Br. Josef dort im Kloster ankam, konnte er sich nicht mehr konzentrieren. Er begab sich zu nächtlicher Stunde noch zur Klosterkirche S. Maria degli Angeli[18], um dort bei der Gottesmutter die ganze Nacht hindurch zu beten.

Anderntags kam während des Examens, das der Bischof von Castro abnahm, ein Bote und überbrachte diesem einen Brief mit einer wichtigen Nachricht. Der kirchliche Würdenträger musste abreisen und konnte die Examen der Brüder nicht mehr weiter abnehmen. Von den ausgezeichneten

18 S. Maria degli Angeli in Assisi ist das Mutterkloster der Franziskaner. Franziskus hat dieses kleine Heiligtum von den Benediktiner-Mönchen auf dem Monte Subasio zur Miete bekommen. Vgl. dazu G. Egger, Maria und die Franziskaner, Jestetten 2010.

Banner zum Jubiläumsjahr 2013 in Poggiardo. Die sterblichen Überreste wurden in jenem Jahr für einige Tage im März in die Stadt seiner Priesterweihe verbracht.

Resultaten der ersten Prüflinge hoch erfreut, veranlasste er sogleich, den übrig gebliebenen die Examen zu erlassen *'sufficientissimi'*[19]. Unter diesen war auch Br. Josef. Alle Kandidaten wurden zur Priesterweihe zugelassen. Er bestand das Schlussexamen, ohne dabei abgefragt worden zu sein. „Ohne nur eine Antwort gegeben zu haben, wurde der Ungeschickte unter die Priester aufgenommen, wenn ihm auch auf höchst eigenartigem Weg diese Ehre widerfahren war. Glückliche Zeiten, da noch solche unreglementarischen Prüfungen möglich waren, die ohne alle Komplexe und ohne jede psychiatrische Behandlung der schlotternden Kandidaten vor sich gingen. Seither wird Josef von den Studenten in ihren verzweifelten Prüfungsnöten als Schutzpatron angerufen!"[20] Einer seiner Freunde berichtete später darüber: „Er sagte zu mir, dass er unwissend war und dass er es einer besonderen Gnade Gottes und der Himmelsmutter verdanke, dass er zu den hl. Weihen und zum Priestertum zugelassen wurde."[21]

Später bestätigte ein Professor der Franziskanischen Universität von Rom: „Ich habe ihn (Br. Josef) so tief über die Geheimnisse der Theologie reden hören, wie es nicht der beste Theologe der Welt hätte sagen können."

Ein grosser Theologe fragte Br. Josef einmal, wie man die Studien mit der franziskanischen Einfachheit versöhnen könne. Er antwortete: *„Wenn du zu studieren und zu schreiben beginnst wiederhole: Herr, du bist der Geist und ich die Trompete (tromba). Aber ohne deinen Atem ist es nur Dröhnen (rimbomba)."*

Br. Josef besass die Gabe der eingegebenen Wissenschaft. Er selbst fühlte sich als der Dümmste im Franziskanerorden.

---

19 Sehr geeignet, hervorragendes Resultat.

20 Walter Nigg, a.a.O., S. 372.

21 G. Parisciani, a.a.O., S. 12.

Am 18. März 1628 wurde er zum Priester geweiht. Das Zelebrieren der ersten Messe war für Br. Josef ein ganz besonderes Geschenk. Es schien, als könnte er sich nicht mehr vom Altar trennen. Er kam wieder zur Grottella, seinem Lieblingsort, wo er sehr glücklich war. Die Umgebung dieser Landschaft mit einfachen Leuten, die auf dem Felde arbeiteten, war ihm besonders lieb. Auch als Priester fühlte er sich als der Letzte im Haus. Er hackte den Garten, putzte das Kloster, reinigte die Toiletten und hielt den Stall in Ordnung. Mit grosser Leidenschaft kümmerte er sich auch um die Kranken und Leidenden, denen er viel Trost spenden konnte. Mit dem Bettelsack auf dem Rücken ging er von Haus zu Haus, um Almosen für seine Mitbrüder zu erbetteln.

Versuchungen gegen die Armut

Die zwei ersten Priesterjahre waren für ihn nicht leicht. Der Böse setzte ihm mit seinen Versuchungen gegen das Armutsgelübde hart zu: „Da er aus niedrigen Verhältnissen stammte, fühlte er eine grosse Anhänglichkeit an die Dinge, die er besass, und an die Geschenke, die ihm seine wohlhabenden Verwandten brachten: feine Wäsche, einen neuen Ordenshabit, schöne Bilder, Uhren. Dieses Ringen zwischen Heiligkeit und Bequemlichkeit dauerte zwei Jahre. Manchmal war er im Stande alles zu verschenken und die Armut zu üben. Als er aber den Mangel fühlte, kaufte er sogleich diese Dinge, die er entbehrte, anstatt sich der göttlichen Vorsehung vertrauensvoll hinzugeben."[22]

Dinge zu besitzen, wie eine Uhr, verdientes Sackgeld oder andere materielle Sachen, davon musste er sich nach seiner festen Überzeugung Schritt für Schritt lösen. Er wollte ja ganz

22 G. Parisciani, a.a.O., S. 14.

ein Sohn des hl. Franz von Assisi sein. Leonhard Holtz sagt dazu: „Er stellt sich dem entscheidenden Kampf zwischen Mittelmässigkeit und rückhaltloser Hingabe, zwischen Bequemlichkeit und geistlicher Reifung."[23] Und W. Nigg kommentiert: „Derart getreulich folgte er seinem grossen Vorbild Franziskus nach und bezeugte dadurch, dass auch Josef nicht von selbst oder von Natur aus, sondern durch den Engpass einer unerbittlichen Askese hindurch zum Heiligen aufstieg."[24]

Beginn der Ekstasen und andere Wundertaten

Allmählich zeigte sich das Besondere und Gnadenhafte im Leben des hl. Josef. Es begann mit einer tiefen Ergriffenheit während einer geistlichen Lesung zu Tisch. „Manchmal stiess er dabei plötzlich einen Schrei aus, wie wenn er von einem Messerstich getroffen wäre. In seiner Zelle und in einsamen Winkeln konnte er stundenlang in Betrachtung verweilen. Die Zeit eilte für ihn so rasch dahin, dass er es gar nicht merkte oder kein Gefühl dafür hatte… Es war in der kleinen Kapelle der hl. Barbara, wenige Schritte vom Kloster entfernt, dass sie (die Mitbrüder) ihn zum ersten Mal seiner Sinne beraubt antrafen."[25]

Das erste Mal hatte Br. Josef im Refektorium der Grottella eine Ekstase, während der Tischlesung eines Kommentars zur Menschwerdung Gottes. Plötzlich gab Br. Josef einen Schrei von sich und geriet ausser sich. Bewegungslos blieb er für ein paar Sekunden, sein Blick ins Dunkel fixiert. Kein Schlagen und Rufen nützte, einzig der Befehl des Oberen half ihm, wieder zu sich zu kommen. Wie aus einem Schlaf kam er zurück und schämte sich dabei so sehr, dass er die Kapuze hochzog

23 L. Holtz, a.a.O., S. 20.

24 W. Nigg, a.a.O., S. 370.

25 G. Parischiani, a.a.O., S. 14-15.

Kapelle der hl. Barbara bei der Grottella. Hier zog sich der Heilige für das Gebet und Bussübungen zurück.

und in seine Zelle flüchtete. Danach entschuldigte sich Br. Josef für diesen Zwischenfall.

Nach diesem Anfang begleiteten ihn die Ekstasen täglich. Ein Ton, ein Wort, ein Bild genügte, ihn in Ekstase zu versetzen, einfach von der Liebe Gottes weggerissen! Nur die Worte des Oberen: „Br. Josef Maria, im hl. Gehorsam, kehr zu dir zurück!“ konnten ihn aus der anderen Welt zurückholen. Die seltsamen ekstatischen Phänomene im Kloster der Grotella begannen sich zu verbreiten. Die Leute kamen in die Klosterkirche, um den ekstatischen Bruder zu erleben. Nach der hl. Messe zog sich Br. Josef schnell auf seine Zelle zurück. Er wollte nicht im Mittelpunkt der Aufmerksamkeit stehen. Jedes Mal, wenn er während der Zelebration in Ekstase fiel, konnte seine Messe zwei bis drei Stunden dauern. Er fuhr immer dort weiter im Text, wo er vor der Ekstase aufgehört hatte.

Am 4. Oktober 1630, am Fest des Ordensgründers Franz von Assisi, wurde zu Ehren des Heiligen eine Prozession abgehalten. Da geschah etwas Aussergewöhnliches! Am Ende der Prozession gab Br. Josef einen Schrei von sich, hob sich vom Boden ab und flog über die Köpfe der Menge hin zur Kanzel, wo er länger unbeweglich verblieb. „In der Kindheit hatten sie ihm den Spottnamen ‚das offene Maul' gegeben, jetzt bleibt ihnen selbst vor fassungslosem Staunen der Mund offen."[26] Das war sein erster Flug. Diese Erfahrung lehrte ihn, dass er das Letzte um Christi willen aufgeben musste, ohne Rücksicht auf sich selbst zu nehmen.

Von diesem Moment an befreite er sich von allem Unnötigen: Er legte die Schuhe ab, ging nur noch barfuss in Sandalen und trug einen einfachen, geflickten Habit. Die Konventualen trugen damals eine aschgraue Kutte. In seiner Zelle entledigte er sich der Möbel, die er nicht mehr brauchte, und schlief von nun an auf einem Tierfell. Seine Nahrung bestand fortan aus Gemüse, trockenen Früchte, gekochten Bohnen ohne Salz. Er verzichtete ganz auf Wein, Fleisch, ja sogar auf Brot. In dieser Zeit begann er, sich zu geisseln und verlangte sich täglich ein Opfer ab. Er trug ein Zilizium, ein Busshemd, unter seiner Kutte. Wie Nigg bemerkte, stieg er durch seine unerbittliche Askese zum Heiligen auf. Ausdrücklich wird in den Quellen erwähnt, dass er sich in der Eucharistie Kraft und Ermutigung holte.

Br. Josef lebte von 1630-39 im Kloster der Grottella. In dieser Zeit verbreitete sich in Apulien und darüber hinaus der Ruf des ekstatischen und fliegenden Bruders. Er wurde von den Leuten als Heiliger und Wundertäter betrachtet. Die Phänomene haben immer die gleiche Abfolge: Schrei, Flug und Ekstase. Josef verharrt mit offenen Augen und verliert das Gehör. Sein Leib wird steif und gefühllos. Viele dieser ekstatischen Ereignisse sind von Zeugen beglaubigt. „Das Schweben während der hl. Messe wurde ein tägliches Ereig-

26 W. Nigg, a.a.O., S. 378.

nis. Auch untertags konnte es geschehen, dass er, wenn sein Geist erglühte, auf einen Altar erhoben wurde, oder auf einen Baum oder zu einem Heiligenbild hin."[27]

In einer sternklaren Nacht ging er einmal mit dem Priester Don Antonio Chiarello im Garten des Klosters spazieren. „Was für ein schönes Himmelsgewölbe Gott unser Herr geschaffen hat", meinte der Priester. Beim Hören dieses Satzes gab Br. Josef Maria einen Schrei von sich und befand sich sofort kniend auf einem Ast, der wie unter dem Gewicht eines Vogels zu schwingen begann. Nach einer halben Stunde, in der er in Kontemplation versunken war, endete die Ekstase von selbst und man musste eine Leiter holen, um Br. Josef herunter kommen zu lassen.

Ein anderes Mal war gerade die Nacht des Hohen Donnerstages. Während die Gläubigen Christus in der ausgesetzten Eucharistie anbeteten, kam Br. Josef in die Kirche. Als er zum Tabernakel blickte, hob er ab und flog zwischen den Kerzen zum diesem hin, den er fest umklammerte. Alle waren erstaunt und erschrocken. Eine ähnliche Szene ereignete sich in einer Weihnachtsnacht. Als die Hirten in der Grottella ankamen und froh musizierten, wurde der franziskanische Bruder von der Freude gepackt, begann zu tanzen und flog durch das Kirchenschiff. Dazu sagt Parisciani weiter: „Das Heiligtum der Grottella gleicht einem lärmerfüllten Meereshafen. Bei jeder Ekstase, bei jeder Erhebung seines Leibes, hallte die Kirche wider von der Erregung der Gläubigen. Die einen weinten, die andern schrien, wieder andere bekannten ihre Sünden. Manche drängten sich an den Altar, fassten den Heiligen an, betrachteten ihn von allen Seiten, bewegten seine Arme, prüften mit Feuer und spitzen Nadeln seine Unempfindlichkeit, bis der Vorgesetzte des Klosters kam und die Ruhe wieder herstellte. Mit einem tiefen Seufzer kehrte der Zelebrant dann zu sich zurück und setzte die hl. Messe

27 G. Parisciani, a.a.O., S. 16.

Bruder Josef lässt drei Kreuze errichten.

fort, ganz beschämt und bestürzt, in aufrichtigem Bedauern über das, was vorgefallen war. Er hätte lieber ganz im Verborgenen zelebriert oder überhaupt nicht, fühlte sich aber durch den Gehorsam gebunden, und jene übernatürliche

Macht war stärker als das Gefühl seiner Demut und sein Verlangen nach der Einsamkeit."[28]

Im April 1636 litt das Gebiet von Otranto unter einer grossen Trockenheit. Die Gläubigen baten in der Grottella um Regen. Während dieses Gebetes flog Br. Josef ca. 10 m in die Höhe.

Wohl einer der spektakulärsten Flüge ereignete sich bei der Errichtung dreier Kreuze. In Erinnerung an Jesus und die beiden Schächer wollte Br. Josef an der Strasse, die das Kloster mit dem Städtchen Copertino verband, diese errichten. Sein Vorschlag wurde angenommen, und zehn Personen trugen ein sehr schweres Kreuz aus Nussbaumholz. Als sie zum Loch kamen, in welches das Kreuz hineingelassen werden musste, schafften es zehn Männer nicht. Br. Josef sah ihre Schwierigkeit. Er umarmte das Kreuz und zog es hoch, als wäre es federleicht, und fügte es in die Öffnung hinein, zum Erstaunen aller.

Einmal nahm Br. Josef bei der Einkleidung einer Klarissin in Copertino teil. Als der Hl. Geist-Hymnus ‚Veni Creator Spiritus' ertönte, hob er ab und flog zum Prediger hin, den er umarmte und mit ihm bis zur Decke hochfuhr. Nach diesem Schauspiel wollte man den Wundermann an seinen Händen und Füssen berühren. Wenn Br. Josef wieder zu sich kam, war ihm das Geschehene sehr peinlich.

Sein Verhältnis zu den Tieren

Wie der hl. Franz, sein Ordensgründer, liebte auch er die Schöpfung. Er hegte eine grosse Vorliebe für Lämmer und Schafe, ebenso für Vögel, wobei Schwalben seine Lieblinge waren. Er konnte sie berühren und liebkosen. Ein Distelfink wurde einst von einem Raubvogel angegriffen und getötet.

---

28 G. Parisciani, dito.

Der Bruder kam dazu, als das bereits geschehen war. Der Raubvogel war im Begriff wegzufliegen. Josef rief ihn zu sich zurück sprach zu ihm: „*Du Bösewicht, du hast mir meinen Distelfink getötet und hast also auch verdient, von mir getötet zu werden.*" Darauf schlug er ihn leise mit der Hand und fügte hinzu: „*Mach dich fort, ich verzeihe es dir, aber tue so etwas nicht mehr.*"[29] „Er sah in ihnen (den Vögeln) ein Sinnbild der Reinheit, da sie nur ungern und mit Vorsicht in den Schmutz und den Schlamm hinabstiegen, aus Angst sich zu verunreinigen, und sich dann sogleich wieder in die Lüfte erhoben, um Gott zu loben."[30]

Eines Tages floh ein Häslein zu ihm, um sich vor Jägern in Sicherheit zu bringen. Es wird auch berichtet, dass er nach einem Blitzschlag die verendeten Schafe wieder zum Leben erweckte. Josef redete mit den Tieren. So berichtet uns der Anonymus Folgendes: „Einmal kam Josef von ungefähr in einen Garten, worin man einen infolge eines Bisses rasenden Widder eingesperrt hatte. Man warnte ihn, behutsam zu sein und wegzugehen. Allein er lächelte darob und sagte: ‚*Ich vertraue auf Gott!*' ging dann auf das wütende Tier zu, ergriff es und redete es an: ‚*Armer Kerl, was machst du hier? Geh doch zurück zu deinen Schafen!*' Auf dieses Wort, wie vom Banne gelöst, kehrte der Widder sanften Schrittes zu seiner Herde zurück."[31]

„Schöne Legenden, werden viele Leser sagen und sich dabei der Fioretti des Franziskus erinnern. Sie verbinden mit diesem Lob die Vorstellung von einem Produkt frommer Phantasie. Aber Josefs Verhältnis zu den Tieren war nicht blosse Poesie; es steht eine religiöse Wahrheit dahinter; denn im geheimnisvollen Berührtwerden der Tiere kündet sich das Seufzen der stummen Kreatur an, die auf das Offenbarwer-

29 W. Nigg, a.a.O., S. 382.

30 G. Parisciani, a.a.O., S. 17-18.

31 W. Nigg, a.a.O., S. 383.

den der Söhne Gottes wartet… Dem in getreuem Gehorsam zu Gott stehenden Menschen gehorchen auch wieder die Tiere. Jo-sephs Tierbeziehung ist ein Vorwegnahme des messianischen Reiches, in welchem der Gottesfrieden auch das Reich der Kreatur umfasst."[32]

Der Wundertäter

Durch Josefs Gebet wurden auch viele Menschen geheilt. Kein Wunder, dass sie von seiner Kutte ein Stücklein Stoff ergattern wollten, als Erinnerung an den grossen Wundertäter von Copertino. Das störte ihn. So begann er sich mehr und mehr auf seine Zelle zurückzuziehen. Er bat seine Oberen, dort bleiben zu dürfen, aber sie erlaubten es nicht.

Immer wieder wurde er zu den Leuten gerufen. Er tat vor allem Wunder bei den einfachen Leuten. Er heilte Blinde und auch Kinder, die krank waren. Er nahm sie auf seinen Schoss und sie wurden geheilt. Auf einem Zettel schrieb er den Segen des hl. Franz von Assisi[33] nieder. Durch diesen Segen wurden viele Menschen geheilt. Man stellte auch fest, dass er die Gedanken von Mitmenschen lesen konnte. Er durchschaute sie. Es war wie ein sechster Sinn, mit dem er geheimste Gedanken und verborgene Sünden erkannte. Manchen konnte er ins Gesicht sagen, wenn sie nicht gut gebeichtet hatten.

Im drückenden heissen Sommer des Salento war der Wassermangel ausgebrochen. Die Leute baten Bruder Josef, er solle Regen von oben erbeten. Der Heilige flehte zur Gottes-

32 W. Nigg, a.a.O., S. 384.

33 Franziskus hat für Br. Leo einen von Hand geschriebenen Segen geschrieben. Br. Leo hielt ihn bis zu seinem Lebensende verborgen. Da es der biblische Segen von Aaron über das Volk Israel ist, wird er auch Aronsegen genannt, seit Franziskus auch Franziskussegen, vgl. den Abschnitt *Gabe der Heilung*, S. 131.

Bruder Josef heilt eine Sterbende.

mutter, da fielen bereits die ersten Tropfen hernieder und der ersehnte Regen kam.

Als er eines Tages auf Bettelgang nach San Pietro di Lama kam, nahm ihn eine Familie namens Polito liebevoll auf. Sie hatten ein Kind, das schwer an Masern erkrankt und gelähmt war. Br. Josef rief das Kind, streckte ihm ein Kruzifix entgegen und forderte das Kind auf: *„Komm her und küsse dieses Kreuz!"* Das Mädchen stand gleich auf und küsste das Kreuz. Es wurde zum Staunen aller sogleich geheilt. Als die Leute von diesem Heilungswunder erzählten, verliess Br. Josef fluchtartig das Haus und zeigte sich dort nie mehr.

In jener Zeit sah man einen zunehmenden Strom von Kranken, der sich zum Heiligtum der Grottella bewegte. Was konnte der junge Ordenspriester anderes tun, als sie aufzunehmen und zu trösten? Er selbst kam sich schwach, unwürdig und unfähig vor. Deshalb schickte er sie hin, dass sie sich mit dem Öl der Lampe des hl. Franziskus salbten. Viele von ihnen wurden sogleich geheilt und der Zustrom der Leidenden und Gebrechlichen nahm zu.

In San Cesareo wohnte Onofrio Rizzo, der von einer schweren Lähmung betroffen war. Die Gesichtsmuskeln waren derart erstarrt, dass er den Mund nicht mehr zu öffnen vermochte. Seine Angehörigen versuchten es mit Gewalt, auch mit Hilfe eines grossen Schlüssels, aber umsonst. Auf einmal fühlte der Kranke, wie sich eine sanfte Hand auf sein Haupt legte; der Mund öffnete sich von selbst. Er schluckte etwas, ohne zu wissen, was es war, und er sah einen Ordensmann vor sich, der zu ihm sprach: *„Sage zu niemandem etwas von mir, sondern sage, Maria hat dich geheilt."*[34]

Br. Josef fühlte sich glücklich, Menschen mit seinen aussergewöhnlichen Gaben helfen zu können.

Als 1634 Provinzial Magister Antonio da Santo Mauro Forte in der Grottella zu Besuch war, wollte er den Ekstatiker und Visionär Br. Josef näher kennen lernen. Der Obere war erstaunt von seiner Einfachheit und tiefen Frömmigkeit. Er sah, dass er mit besonderen Charismen ausgestattet war. Das war für ihn Anlass, ihn auf seine Visitationsreisen mitzunehmen. Er wollte Mitbrüder und Gläubige mit diesem vorbildlichen und geistbegabten Bruder erbauen. Br. Josef hingegen wollte nicht mitgehen. Er fürchtete sich, dabei stolz zu werden. Doch der Gehorsam gegenüber dem Oberen veranlasste ihn, es doch zu tun. Er begleitete nun seinen Oberen auf der Visitation durch Apulien und die Basilicata. Die Provinz St. Niklaus war gross und bestand aus verschiedenen Kustodien[35]. Nachdem die Klöster der Kustodie Brindisi besucht waren, gingen die Brüder weiter und besuchten die Kustodien Taranto und Bari. Es waren insgesamt an die 50 Klöster.

---

34 G. Parisciani, a.a.O., S. 22-23.

35 Eine Kustodie ist eine Unterprovinz, einer Provinz untergeordnet (Teilprovinz).

Der Küstenort Giovinazzo – hier hatte der ‚verhängnisvolle' Flug im Dom zur Folge, dass er vor die Inquisition geführt wurde.

Auf die Nachricht, dass der wundertätige Bruder mit seinem Provinzial erscheinen würde, kamen nicht nur Brüder sondern auch viele Gläubige, um diesen ekstatischen Mönch zu sehen, von dem sie schon so viel gehört hatten. Viele wollten mit ihm sprechen, seinen Ermahnungen folgen und mit ihm beten. Auch wollten sie seine mystischen Flüge sehen. Um den Volksmassen zu entgehen, reisten die Brüder dann in der Nacht weiter. Viele Menschen bekehrten sich durch die Gegenwart von Br. Josef. Es berührte sie, wie er die hl. Messe zelebrierte und dann in Ekstase fiel. Auch hier wirkte er viele Heilungswunder.

Richtung Kalvaria, ‚vom Hosanna zum Kreuzige'

Zwei, drei Tage blieben sie jeweils an einem Ort und zogen dann weiter. Von der Grottella waren sie ungefähr ein Jahr abwesend. In den verschiedensten Dörfern wuchs mehr und mehr die Begeisterung für den fliegenden Bruder. Eine der letzten Etappen war die Diözese Giovinazzo/Bari. Hier begann der Kalvaria-Weg für Br. Josef. Von hier aus wurde nämlich vom Klerus ein Brief an das hl. Offizium nach Neapel geschickt mit der Begründung: es gäbe einen angeblichen

Josef von Copertino als Kreuzträger und die Vision des kreuztragenden Jesuskindes.

neuen Messias, der eine grosse Volksmenge hinter sich her zöge. Dies schrieb der Generalvikar G. Palmolla von Giovinazzo ans hl. Offizium nach Neapel. Nach Auffassung dieser Kirchenleute gehen doch echte Heilige nicht unter die Menge, um sich von ihr bewundern zu lassen.

Von der Bevölkerung hingegen wurde Br. Josef mit Triumph empfangen. Er selbst hatte grosse Mühe mit der Neugier der vielen Menschen. Er wollte den Ort wieder verlassen, bevor er eine Messe zelebriert hatte. Dies war aber nicht möglich. Die Menge rief ihn zurück, ja sogar die Stadtbehörde schaltete sich ein mit der Begründung, er sei viel zu kurze Zeit hier gewesen. Die Ekstasen und Levitationen lösten einen solchen Volksauflauf aus, dass die Messe in die Kathedrale verlegt werden musste. Vor dem ausgesetzten Allerheiligsten zog es ihn dann gleich in die Höhe. Die Leute gerieten in helle Begeisterung. Das Volk rief Hosanna, während vom Klerus Verleumdungen ausgesprochen wurden: Betrug und Irreführung der Menschen durch diesen Bruder.

Am 26. Mai 1636 erfolgte die formale Anklage gegen Br. Josef Desa. Die Gegner behaupteten, er sei ein falscher Prophet, und stellten die Echtheit seiner Wunder in Frage. Rom musste eingreifen. Papst Urban VIII. ordnete an, dass das Gericht in Neapel den Prozess führen solle.

Als Br. Josef wieder in seinem geliebten Kloster der Grottella war, setzte er das Apostolat eifrig fort. Eines Tages, als er den Kreuzweg zwischen Copertino und der Grottella betete, vernahm er eine innere Stimme, die zu ihm sagte: „Lass diese toten Kreuze und nimm das lebendige Kreuz auf dich!" „Was aber sollte das lebendige Kreuz sein? Vielleicht jenes, das er am Karfreitag unter den Hieben der Geissler zum Kalvarienberg tragen wollte? Er wusste es nicht. Doch da erschien ihm das Jesuskind. Es trug ein Kreuz auf seinen Schultern. Von jenem Tag an beschlich ihn immer wieder eine leise Vorahnung. Ein Angstgefühl überkam ihn und mahnte ihn zur Vorsicht und Wachsamkeit."[36]

Ein Jahr darauf erreichte ihn von Rom die Aufforderung, vor dem Gericht des hl. Offiziums in Neapel zu erscheinen. Der Obere, der ihm aus Angst diesen Brief vorerst nicht aushändigen wollte, tat es nach ein paar Tagen Bedenkzeit doch. Br. Josef nahm den Brief in die Hand und küsste ihn. Danach machte er sich auf den Weg nach Neapel. Es war der 21. Oktober 1638, als er die Grottella für immer verliess.

Die Mitbrüder Lodovico De L'Audisa und Diego Galasso, sein Beichtvater, begleiteten ihn auf diesem schweren Gang. Als er sich bei den vielen Gläubigen in der Grottella verabschiedete, flossen viele Tränen. Unter ihnen waren auch seine Mutter und seine Schwester Livia. Die Reise war lange und ermüdend. Mitte November, das Wetter nass und kalt, erreichten sie Neapel. Br. Josef wusste allzu gut, dass die Verteidigung nicht leicht sein würde. Er fürchtete eine Exkommunikation oder eine totale Verurteilung. Die Mitbrüder von S. Lorenzo Maggiore in Nea-

36 G. Parisciani, a.a.O., S. 33.

pel, der Konvent der Konventualen, erwarteten ihn. Zu seinem Leidwesen wurden er und seine Gefährten dort sehr frostig aufgenommen. Er wurde sogleich in den Kerker[37] des Klosters gesteckt.

In Neapel bei der Inquistion[38]

Die Nacht vor dem Prozess verbrachte er voller Angst im Gebet. Er fragte sich: „Werden sie mich verurteilen? Vielleicht halten sie mich sogar für einen Besessenen – oder kann es sein, dass sie mich als einen Zauberer ansehen, dann würde ich gefoltert und getötet." [39] Die Angst vor der Inquisition war nicht unbegründet. In seiner grossen Not rief er den hl. Franziskus, den hl. Antonius und die hl. Katharina von Siena als Fürbitter an. Für diese Heiligen hatte er eine ganz besondere Verehrung.

Am 25. November morgens gingen Br. Ludwig und Br. Josef zum Inquisitionspalast. Beim Ausgang von S. Lorenzo sah Br. Josef einen Bruder, der auf ihn wartete. Er hatte ein sehr schönes Aussehen und war jugendlichen Alters. Dieser sprach ihm gut zu und tröstete ihn, der sich sehr ängstigte. Vor dem Gerichtsgebäude sagte der Unbekannte zu Br. Josef: „Freu dich, die gute Mutter Maria und unser Vater Franziskus helfen dir." Beim Eintreten in den Gerichtssaal verlor er den jungen Mann aus den Augen. Nun fragte er Br. Ludwig: „Wo ist der Bruder, der mit uns gekommen ist?" Dieser antwortete

37 In jedem Kloster gab es einen sog. ‚Carcer', Kerker. Ein Bruder, der gegen die Gelübde oder die Regel verstiess oder als nicht mehr rechtgläubig angesehen wurde, konnte zur Kerkerhaft verurteilt werden.

38 Die Inquisition war ein kirchliches Gericht, das vom 11. – 18. Jh. bestand. Es ging vor allem gegen Glaubensabtrünnige und Irrlehrer vor. Die Aufgabe dieses Gerichtes war es, die Abtrünnigen zu verfolgen, vor Gericht zu stellen und nötigenfalls zu verurteilen.

39 G. Parisciani, a.a.O., S. 35.

Der hl. Antonius hilft dem Heiligen beim Gang zur Inquisition in Neapel (modernes Bild von Angelo Cesselon).

ihm, dass er keinen Bruder gesehen hätte. Br. Josef wusste nun, dass es der hl. Antonius von Padua gewesen war, den er vorher so inbrünstig angerufen hatte.

P. Antonio Ricciullo, Monsignore und Inquisitor für den hl. Stuhl mit Sitz in Neapel, legte fest, dass drei Verhöre auf ihn warten würden. Das erste war auf den 25. Nov. festgelegt. Die Begegnung fand im Zimmer der Vicaria statt, in Gegenwart des Inquisitors und des Notars. Von Br. Josef wurde verlangt, dass er sein Leben darlegen solle. Bei diesem Verhör waren auch die Richter Konsultoren zum Prozess zugelassen. Viele Zeugen hatten sich bemüht, seine Heiligkeit anzufechten. Er musste vor dem Richter und den Beiräten unter Eid seine Lebensgeschichte darlegen. Man prüfte auch seine Lateinkenntnisse und seine geistige Zurechnungsfähigkeit, denn er galt als beschränkt. Im Mittelpunkt der Befragung stand die Messe, die er in der Kathedrale von Giovinazzo gefeiert hatte und das, was sich dabei alles ereignet hatte. Br. Josef zählte alles, Punkt für Punkt, auf: In einem Augenblick des intensiven Gebetes sei sein Geist auf einmal erhoben worden.

Die Inquisitoren verlangten nun, dass er in ihrer Gegenwart eine hl. Messe zelebrieren solle. Dies tat er zwei Tage danach in der Kirche von S. Gregorio di Armenia, unweit des Gerichtspalastes. Alles ging in Ruhe vor sich. Es ereignete sich dabei nichts Auffälliges. Am Ende der Messe aber durchbrach ein Schrei die Stille. Seiner Sinne völlig entrückt, flog er mit offenen Armen Richtung Altar und blieb dort unbeweglich. Er hing gleichsam über den Blumen und den angezündeten Kerzen. Die verängstigten Nonnen wollten ihn aus Angst, er könnte sich an den Flammen der Kerzen verbrennen, herunterziehen. Nach einem kurzen Augenblick glitt Br. Josef wieder auf den Boden, kniete nieder, sang und tanzte lobend vor der Gottesmutter. Die anwesenden Nonnen schnitten danach von seiner Kutte Stücke ab, in Erinnerung an dieses aussergewöhnliche Ereignis.

Die dritte Befragung fand am 1. Dezember statt. Die Richter luden ihn ein, über die Fakten von Giovinazzo zu sprechen. Br. Josef sagte wahrheitsgemäss aus, er könne sich nicht mehr an alles erinnern. Den Richtern gab er zu verstehen, dass er seine Oberen in der Grottella angefleht habe, ihn nicht an die Öffentlichkeit zu schicken. Er hätte die Visitationsreise mit dem Provinzial nur im Gehorsam unternommen. Über die Ekstasen in Giovinazzo befragt, sagte er Folgendes aus: „*Ich kann mich nicht erinnern, was mir dabei zugestossen ist; denn ich wurde von P. Guardian geführt, und es war ein grosses Gedränge, und ich ging ganz ungern in jene Volksmenge und wusste dabei nicht, wie mir geschah, und der Pater Guardian sagte Worte zu mir, die mich beschämten.*"[40]

Zu den Entrückungen allgemein bekannte er: „*Diese Ereignisse bereiten mir immer wieder ein wahres Unbehagen, sei es, dass sie über mich kamen, während ich die hl. Messe zelebrierte, sei es, dass sie mich beim Gebet oder bei anderen geistlichen Übungen erfassten… Dieses Fortgerissen-werden geschieht häufig beim betrachtenden Gebet, und wenn ich Gott Dank sage. Ich habe daher besonders acht auf mich und übe das Gebet abgesondert, allein für mich, oder in der Zelle oder sonst an einem stillen Ort des Klosters…, damit man mich nicht sehe, wenn jene Bewegungen über mich kommen.*" [41]

Am 2. Dezember wurde der Guardian des Heiligen verhört. Die Akten wurden danach nach Rom gesandt, und Br. Josef musste Monate warten, bis in Anwesenheit des Papstes darüber entschieden wurde.

Nach den Verhören kehrte Br. Josef erleichtert nach S. Lorenzo zurück. San Lorenzo in Neapel glich während des Aufenthaltes von Br. Josef einem Bienenhaus. Viele Menschen kamen und gingen, viele aus reiner Neugierde, aber auch geistlich suchende Menschen, die von ihm, dem Begnadeten, einen Ratschlag oder einen Segen wollten. Unter ihnen waren auch noble Damen, Richter und Prälaten. Alle wollten diesen Wundermann aus Apulien sehen, hören und berühren. Nun waren die Vorurteile und die Kritik bei den Mitbrüdern vorbei. Br. Josef ertrug dies alles mit Gelassenheit und wartete geduldig auf den Ausgang des Prozesses.

---

40 Dito, S. 36.

41 Dito, S. 37.

Der Ruf, dass der Bruder aus Apulien sich in S. Lorenzo befinde, kam auch dem Vizekönig zu Ohren. Er lud Br. Josef in die Privatkapelle des königlichen Hauses ein, um diesem Heiligen beim Zelebrieren der Messe zuzuschauen. Doch Br. Josef, der von diesem Wunsch erfuhr, entfloh. Der Guardian von S. Lorenzo befürchtete, dass dies Folgen für sein Kloster haben könnte. Er schickte deshalb zwei Brüder aus, um den Fliehenden zurückzubringen. Sie fanden ihn bereits in Aversa. Im Gehorsam gegenüber dem Oberen musste er nach Neapel zurückkehren.

Die Situation wurde für Br. Josef immer schwieriger. Vom Orden bekam er nun den Befehl, sich nach Rom zu begeben. Sein treuer Mitbruder Lodovico begleitete ihn in die Ewige Stadt.

In der Heiligen Stadt

Kaum war Br. Josef bei der Generalkurie der Franziskaner-Konventualen ‚*Dodici Apostoli*' (‚12 Apostel') in Rom angekommen, schickte man ihn in eine kleine und ganz karge Zelle. Hier hatte er nun seine Ruhe, doch die Verdächtigungen und die Einsamkeit lasteten schwer auf ihm. Gerade in dieser schwierigen Situation besuchte ihn ein Mann aus der Kurie, Kardinal Marcello Laute della Rovere, der seit 30 Jahren Protektor des Ordens[42] der Konventualen war. Dieser Kirchenmann sprach ihm Worte des Mutes zu. Diese gaben dem Heiligen aus Copertino Kraft, das Bittere und Schwere, das ihm der Gehorsam nun auferlegte, besser anzunehmen.

Im Januar 1639 wurde in Rom der Inquisitionsprozess abgehalten. An der letzten Sitzung nahm auch Papst Urban

42 Das Amt des Protektors gibt es heute in den Franziskanischen Orden nicht mehr. Diese Aufgabe nimmt die Religiosen-Kongregation wahr.

VIII. persönlich teil. Während der Audienz erhob sich Br. Josef vom Boden und geriet vor dem Stellvertreter Jesu in Ekstase. Das Gericht sprach ihn nun von jeder Beschuldigung frei. Ja, es erklärte, dass der Bruder aus Copertino nicht wegen zur Schau getragener Heiligkeit angeklagt werden könne. Dennoch musste die Kirche ihn aus Gründen der Klugheit von den Menschen fern halten. So ordnete das Gericht an, man möge ihn in ein Kloster der guten Observanz schicken, wo er nur ganz beschränkte Kontakte zur Aussenwelt haben sollte. Der Heilige wurde einerseits freigesprochen, andererseits aber doch für sein ganzes restliches Leben zur Isolation verurteilt. Wo aber sollte man ihn unterbringen? Dies war für die Kirchenleute die schwierige Frage. Zuerst dachte man ans kleine Kloster von Monterotondo. Nach dem Einwand des Papstes gegen diesen Vorschlag wurde für ihn der Sacro Convento in Assisi künftige Wohnstätte, wo er der Neugierde der Welt entzogen war.

Ankunft in Assisi

Nach fünf Tagen beschwerlicher Reise erreichten Br. Josef und sein treuer Gefährte Br. Lodovico am 30. April 1639 Assisi. Nach diesen bewegten Tagen war Br. Josef glücklich, endlich im Hause des hl. Franz von Assisi angekommen zu sein. Hier empfing ihn P. Kustos des Sacro Convento mit der Obedienz in der Hand, auf der stand: „Br. Josef von Copertino gehört nun zum Sacro Convento!".

Der Heilige bat sogleich darum, das Grab des hl. Vaters Franziskus verehren und an diesem Ort beten zu dürfen. Als er in der Unterkirche ankam, entdeckte er das Madonnenbild von Cimabue und rief: *„Meine Mutter, du hast mich bis hierher verfolgt!"* Sogleich hob er ab und flog zum altehrwürdigen Marienbild hin und umarmte es. Er wurde 18 Schritte weit zu

Sacro Convento S. Francesco in Assisi. Im diesem Kloster wohnte Br. Josef für 14 Jahre. Hier bekam er auch die Ehrenbürgerschaft der Stadt.

diesem Bild hingerissen. In ihm sah er nämlich die Gesichtszüge des Gnadenbildes der Grottella.
Als Br. Josef den grossen Luxus im Franziskanerkloster sah, sprach er zum hl. Franz von Assisi: *„Du liebtest doch so die Armut, was ist nun von ihr geblieben?"* Franziskus erwiderte ihm: „Das ist alles für den eucharistischen Herrn, die Ehrungen, die Verzierungen etc.: Ich bin unter der Erde in dem Untergrund und ohne Prunk."

Die ersten Jahre im Sacro Convento waren für den Bruder aus Copertino sehr schwierig. Er wurde als Gast, der beobachtet werden musste, im Gästeflügel, der aus 12 Zellen bestand, untergebracht. Dieser Ort isolierte ihn von der

Bett des Heiligen in Assisi.

übrigen Gemeinschaft. Er nahm lediglich an den Gemeinschaftsanlässen teil und feierte die hl. Messe. Seine dabei aber nicht vorherzusehenden Schreie, seine immer wiederkehrenden Ekstasen, seine Flüge, dies alles ärgerte seine Mitbrüder und lenkte die Novizen ab. Nun wurde beschlossen, dass Br. Josef fortan nicht mehr mit zum gemeinschaftlichen Chorgebet gehen dürfe. Aber auch an diesem Ort in Assisi holte ihn die Neugier der Menschen ein. Daraufhin wurden ihm im Gästeflügel drei Zimmer zugeteilt: eines für Br. Lodovico, zwei für sich, ein Zimmer zum Beten und ein Zimmer zum Schlafen. So wurde er vor den neugierigen Blicken der Menschen geschützt.[43]

43 ‚*Remotus et segregatus*', abgeschieden und abgesondert von der übrigen Welt. Dies war die Auflage der Inquisition, vgl. Parisciani, San Giuseppe da Copertino, Donare Pace e Bene, 2. Auflage, Osimo 2009, S. 230 ff.

Schwerer Kreuzweg am Grab des hl. Franziskus

Kurz danach kam ein neuer Kustos[44] nach Assisi. Es war kein anderer als P. Antonio de San Mauro, den Br. Josef als Provinzial auf seinen Visitationsreisen begleitet hatte. Dieser verhielt sich nun ganz anders als früher. Er gebrauchte harte Worte und machte ihm Vorwürfe, nannte ihn einen Heuchler, der eine Maske von Heiligkeit tragen würde. Von einem einst liebenswürdigen Mitbruder hatte er sich nun zu einem unnachgiebigen Tyrannen verwandelt. Für den Heiligen begann ein sehr schwerer Kreuzweg. Nach gut zwei Jahren wurde P. Antonio als Kustos abgelöst.

Rom, d.h. die Generalkurie des Ordens, wollte sich nun vergewissern, wie es Br. Josef gehe. Der Obere gab zur Antwort: „Ich kann nichts anderes sagen, als dass er ein Heiliger ist. Er gerät immer wieder in Ekstasen und wird von allen verehrt."

Dem umstrittenen P. Antonio folgte P. Raffaele Palma, ein fröhlicher Neapolitaner, im Amt als Kustos. Dieser gewann Br. Josef sehr lieb. P. Bonaventura Diez war der persönliche Beichtvater des Heiligen, der wie Br. Josef aus Copertino stammte. Auch dieser verhielt sich gegen ihn nicht sonderlich gut, worunter der Heilige sehr litt.

Unverständnis und Einsamkeit nahmen Tag um Tag zu. Br. Josef hörte dennoch nicht auf zu beten, zu singen und mit den Novizen zu scherzen. Ihnen gab er liebevolle Ratschläge und nannte sie nur: „Meine Schäfchen." Aber tiefe Einsamkeit, Trostlosigkeit und Krankheit überfielen ihn zunehmend.

---

44 Obere im Franziskanerorden werden Provinzial, Kustos oder Guardian genannt. Der Provinzial ist ein Vorsteher einer Provinz, der Kustos einer Kustodie, die meist ein Teil einer Provinz ist. Guardian meint immer Vorsteher eines Konventes oder Hauses. Kustos des Sacro Convento (internationale Gemeinschaft) ist hier ein Ehrentitel für den Guardian dieses besonderen Klosters. Es gilt als Mutterhaus der Konventualen und birgt die sterblichen Überreste des Ordensgründers Franziskus.

Das strenge und raue Klima Umbriens setzte dem Südländer arg zu. Er bekam Magenkrämpfe und Bluterbrechen. Zudem lebte er in ständiger Angst, was wohl auf seine Verurteilung zurückzuführen ist. Alles war so ungewiss. Ekstasen und Entrückungen kamen nun immer seltener vor. Br. Josef wurde schwächer und schwächer. Oft studierte er in der Nacht, in praktischer Dunkelheit. Sein Augenlicht wurde deshalb immer schlechter. Die Mitbrüder besorgten ihm eine Brille.

In dieser Zeit lernte er auch die verschiedensten Menschen kennen. Immer wieder kamen wichtige Persönlichkeiten ins Kloster, die vom inzwischen sehr berühmten Br. Josef von Copertino gehört hatten. Mit ihnen blieb er dann zeitlebens freundschaftlich verbunden.

Die Isolation, die Verdächtigungen und Krankheiten erweckten in ihm die Sehnsucht nach Hause, Heimweh nach seiner Mutter in der Grottella. Nach Copertino zurückkehren zu dürfen, war seine grosse Sehnsucht. Mit mehreren Briefen wandte er sich deshalb an den Ordensgeneral. Die Antwort war immer dieselbe: „Gedulde dich, warte ab."

P. Angelo Nuti, sein erster Biograph, war ihm in dieser schweren Zeit sehr nahe. Er half ihm, die Korrespondenz aufrecht zu halten. Ebenso Don Angelo Rosmi. Von ihm existiert ein wertvolles Tagebuch mit Aufzeichnungen über die Freundschaft mit Br. Josef.

Zu dieser Zeit herrschte Krieg zwischen Castro und dem Kirchenstaat. Assisi war von einer Belagerung bedroht. 1643 lagerten die Truppen aus Florenz in der Nähe. In der Nacht vom 17. auf den 18. November schlug die Nachtwache von Assisi Alarm, man solle zu den Waffen greifen. In der Kirche S. Francesco in Assisi versammelte sich eine grosse Menschenmenge zum Gebet. Die Vorsteher der Stadt klopften an die Zelle von Br. Josef und baten ihn um geistlichen Rat. Die Gegend um Assisi wurde verwüstet, die Städte Todi, Città di Castello, Citerna, Fratta Todina mussten viel erleiden, Assisi aber blieb auf wunderbare Weise verschont.

Wieder in Rom

Nach fünf sehr schweren Jahren wurde Br. Josef wiederum zum Generalminister nach Rom zitiert. Mit der grossen Hoffnung, nun endlich aus der Klosterhaft befreit zu werden und wieder nach Apulien zurückkehren zu dürfen, begab er sich mit seinem Leibwächter-Mitbruder Lodovico nach Rom. Es war im Februar 1644. Der eigentliche Grund seiner Reise nach Rom war aber ein anderer.

Der polnische Prinz Casimiro Waza, Bruder des Souverän Wladislaus, wünschte sehnlichst mit Br. Josef in Kontakt zu kommen. Der junge Mann wollte keine politische Macht. Er wollte sich nur Gott weihen und bei den Jesuiten eintreten. Zuvor aber wollte er Br. Josef um sein Urteil bitten. Dieser machte ihm eine Prophezeiung: „Du wirst weder Jesuit, noch Priester." Kasimir trat bei den Jesuiten als Novize ein. Die königliche Familie aber stellte sich diesem Entschluss vehement entgegen, und der junge Novize musste den Orden wieder verlassen und nach Warschau zurückkehren. Davor wollte er nochmals Br. Josef hören. Er wandte sich an den Ordensgeneral der Franziskanerkonventualen. Dieser gab ihm die Erlaubnis zu einer Begegnung im Noviziatshaus der Jesuiten Sant'Andrea a Monte Cavallo. Br. Josef riet dem Novizen, keine Gelübde abzulegen. Er solle vorerst die ganze Entwicklung im Königshaus abwarten. Kurz darauf wurde der Prinz nach Polen gerufen, um als König Kasimir V. die Regentschaft über sein Land zu übernehmen (siehe auch Anmerkungen auf S. 84).

Br. Josef nutzte nun die Gelegenheit seines Rombesuchs, um Wallfahrten zu allen römischen Basiliken zu unternehmen. In dieser Zeit bat er in Rom auch seine Oberen, wieder nach Copertino zurückkehren zu dürfen. Sie erlaubten es ihm jedoch nicht. Nach Ostern 1644 schickte ihn der Generalminister unter Gehorsamsverpflichtung wieder nach Assisi zurück.

Zurück in Assisi: Ehrenbürger der Stadt

Die Menschen in Assisi bereiteten dem Bruder aus Apulien einen freundlichen Empfang. Es wurde ihm sogar von der weltlichen Behörde das Ehrenbürgerrecht von Assisi erteilt. Der Inhalt des Textes lautet:

Im Namen Gottes, Amen.

Der Bannerherr und die Prioren der ehrenwerten und seraphischen Stadt Assisi wünschen dem hochwürdigen Pater Josef von Copertino aus dem Orden der Minderbrüder Konventualen des hl. Franziskus, zugehörig zur Klosterfamilie des Sacro Convento in Assisi, Gesundheit und fortschreitenden Erfolg in seinen wohltätigen Werken.

Dank sei dir für die hervorragende Liebe, welche du dieser Stadt erwiesen hast, welche wir, obwohl dessen unwürdig, durch eine besondere Wohltat der göttlichen Güte geerbt haben als gemeinsame Heimat zusammen mit dem Patriarchen der Armen, dem hl. Franziskus; und für die wirkmächtigen Gebete, welche du dich immer gewürdigt hast und würdigen wirst wohlwollend vor den Herrn zu tragen für das Heil der Seelen und für das geistliche und zeitliche Gut der öffentlichen und privaten (Handels-) Angelegenheiten; besonders dafür, dass du die Kranken in ihren Leiden getröstet hast und unablässig allen mit deinen guten Ratschlägen geholfen hast und so die wahre Liebe wiederhergestellt und dich dafür eingesetzt hast, die zerstrittenen Seelen der Bürger wieder zu versöhnen; besonders für deine äusserst wirksame Hilfe, welche du uns in den vergangenen Monaten in Wort und Taten zukommen liessest, während der Kriege in den angrenzenden Regionen, bei denen es auch zu sakrilegischen Invasionen der Feinde kam. All dies hat uns deutlich gemacht, wie sehr du das Herz der Einwohner von Assisi erobert und alle mit dir verbunden hast mit dem Band einer Dankbarkeit, welche nicht erlöschen wird.

Und da wir dir dies in keiner Weise angemessen vergelten können und weil wir nicht in die Schuld der Undankbarkeit fallen möchten, haben wir dich, sehr verehrter Pater Josef von Copertino, mit einstimmiger Zustimmung des öffentlichen Stadtrates in die Liste der Bürger dieser Stadt aufgenommen. Mit dem vorliegenden Brief verleihen wir dir alle Vorrechte und Privilegien, welche allen Bürgern der Stadt Assisi, die in derselben Stadt von Assisi geboren sind, zustehen und zustehen werden.

Als Beweis und Zeugnis dafür haben wir diesen Brief verfassen, mit dem Zeichen unseres Siegels bestätigen und mit der Unterschrift unseres Kanzlers versehen lassen.

Gegeben im Rathaus zu Assisi, heute den 4. August des Jahres 1644.

Grandilio Lucidio, Kanzler

Als der Abgeordnete des Magistrates ihm das Ehrenbürgerdiplom überreichte, trug es ihn in grosser Freude gleich zur Decke hinauf. Er sagte: „*Wie ihr wollt, dass ich gewürdigt wurde, Mitpatriot meines Vaters Franziskus zu sein, er, der Bannerträger Christi, der von Christus Durchbohrte.*" Und einem Mitbruder gestand er in überschwänglicher Freude: „*Wir lieben uns, weil wir Mitbürger unseres lieben Vaters (Franziskus) sind!*"

Das Heimweh verschwand – Der Heilige hatte sich in seine Verbannung ergeben, Ruhe, Friede und Freude waren wieder in sein Herz zurückgekehrt.

In Assisi wurde er mehr und mehr zum geschätzten Berater vieler Menschen in den verschiedensten Lebenslagen. Ein Zeitzeuge sagte über ihn: „Es gab niemanden in der Stadt, der in seiner Not nicht bei ihm Zuflucht suchte und um seine Fürsprache bat." Sein guter Ruf verbreitete sich gegen seinen Willen im In- und Ausland. Assisi wurde schon damals von vielen Pilgern aus ganz Europa aufgesucht.

Eines Tages spürte er, dass es seiner Mutter zu Hause in Copertino nicht gut ging. Da er ihr nicht beistehen konnte,

Vom Sacro Convento aus hatte Br. Josef eine Bilokation zur sterbenden Mutter nach Copertino. Dieses Bild hängt im ehem. Wohnhaus in Copertino. Der Ausspruch der Mutter auf dem Totenbett lautet: „Oh Br. Josef, mein Sohn!"

begab er sich in der Bilokation[45] zu ihr. Nun konnte er ihr durch seine Präsenz beistehen. Einige Tage darauf starb sie, am 25. Januar 1625. Als ihn die Nachricht vom Tode seiner Mutter in Assisi erreichte, überraschte ihn dies nicht mehr.

45 Bilokation bezeichnet die Fähigkeit einer Person, an zwei Orten gleichzeitig zu erscheinen. Diese Gabe besass auch der hl. Antonius von Padua, der hl. Martin de Porres und in neuester Zeit auch der hl. Padre Pio von Pietrelcina u.a. Ihm wurde nachgesagt, dass sein Drang, Gutes zu tun, so stark war, dass er zeitgleich an zwei Orten existierte. An dem einen Ort sei er seinen Aufgaben und am zweiten Ort seiner Bestimmung, Gutes zu tun, nachgegangen. Das trifft auch bei unserem Heiligen zu, wenn er ans Sterbebett seiner Mutter geht und gleichzeitig in Assisi bleibt.

Isolationszelle des hl. Josef in Assisi.

In grosser Schlichtheit und im Gehorsam nahm sein Leben im Sacro Convento in Assisi seinen weiteren Verlauf. Durch diesen einfachen Bruder sprach die Liebe Gottes zu allen, die ihm begegneten. 14 Jahre sollte er hier verbringen.

Am liebsten hielt er sich vor dem Tabernakel beim Grab des hl. Franziskus auf oder vor einer Marienstatue. Wenn er die Messe las, dauerte sie über zwei Stunden, sie konnte aber auch bis zu fünf Stunden in Anspruch nehmen. Er wuchs in den verschiedensten Tugenden, lebte in absoluter Armut, verrichtete Busswerke, hielt Fasten und Nachtwachen. Durch das Gebet war er ständig mit Gott verbunden.

Gerade in dieser Zeit wurde er wieder von ausserordentlichen Phänomenen begleitet. Von einem Moment auf den andern konnte er emporgehoben werden und Visionen haben. Er wurde dabei starr wie eine Statue. In der gleichen Art konnte er wieder auf den Boden zurück fallen und auf den Knien in stundenlanger Anbetung verharren. Manchmal beschloss er die frohen Flüge, indem er Loblieder sang und sogar rückwärts flog.

Eines Tages begegnete er Juan Enriques Cabrera, dem ersten Vizekönig Neapels und Botschafter des Heiligen Stuhles für Spanien. Cabrera wurde von verschiedenen Leuten aus dem Adel begleitet. Die Frau des Vizekönigs wollte unbedingt diesem ausserordentlichen Bruder begegnen. Sie trafen ihn in der Kirche und wurden gleich Zeugen eines Schauspiels. Br. Josef ging beim Altar der Unbefleckten vorbei, schaute zur Madonna auf, hob ab und flog zur Statue hin, die er liebevoll umarmte (siehe Bild auf S. 119). Danach flog er wieder auf seinen Platz zurück. Alle Leute waren erstaunt und erregt ob dieses Ereignisses. Es brachen sogar Leute aus lauter Rührung zusammen. Als Br. Josef wieder auf dem Boden war, benutzte er das allgemeine Durcheinander der Leute und entfloh unbemerkt durch die Sakristei. Cabrera traf ihn dann bei seiner Zelle und bat ihn, den wundertätigen Bruder, um ein Andenken.

Der ekstatische Flug war nicht das einzige Aussergewöhnliche dieses begnadeten Franziskaners. Es gab noch viele

Die Immakulata im Kloster S. Francesco. Vor ihr geriet der Heilige immer wieder in Ekstase.

andere Fähigkeiten, die ihn auszeichneten, so z.B. die Gabe der Prophezeiung. In verschiedenen Situationen konnte er Dinge voraussagen, die sich dann ereigneten. Immer wieder erteilte er Leuten, die ihn darum baten, gute Ratschläge. Auch konnte der Bruder in den Herzen der Menschen lesen. Allen gab er Auskunft, berühmten Persönlichkeiten, aber auch ganz einfachen Menschen. Viele wurden durch ihn geheilt durch einen Blick, durch Handauflegung oder nur schon durch seine Präsenz. Beim Vorübergehen verbreitete er einen wunderbaren Duft, der dann auch auf Gegenständen haften blieb, die er berührt hatte. Durch all diese Dinge konnte Br. Josef die Menschen zur Umkehr zu Gott bewegen. Mehr und mehr bekam er europäischen Bekanntheitsgrad.

Er pflegte oft zu sagen: „*In allem bin ich dem Willen Gottes und seinem Gehorsam unterstellt. Ich muss mich um nichts kümmern. Wenn man möchte, dass ich die hl. Messe öffentliche feiere, tue ich es. Wenn man will, dass ich es in Abgeschiedenheit tue, tue ich es auch. Ich habe dann die Gelegenheit, mich an Gott zu freuen, ohne irgendwelche menschlichen Störungen. Wenn man möchte, dass ich keine hl. Messe feiere, hoffe ich wenigstens, dass ich die hl. Kommunion empfangen kann. Das genügt mir, um ganz glücklich zu sein.*"

Prominente Besucher

Der Ruhm des Wundermanns aus Assisi konnte nicht vermindert werden. Er verbreitete sich in ganz Italien und Europa.

Durch Jahre war seine abgeschiedene Zelle Ziel vieler Besucher. Es kamen Kardinäle, Bischöfe, Priester und Ordensleute. Es kamen Ritter, Grafen und Fürsten aus den verschiedensten Herrschaftshäusern. Damen aller Gesellschaftsklassen konnten ihn in der Basilika sehen. Für alle hatte er Worte des Lebens, aber auch Worte des Tadels, der Ermunterung, manchmal auch der Weissagung.

Wir treffen in seiner Zelle den Dichter aus Gubbio, Antonio Abbati, den Adelsherren Federico Baldeschi, Markgraf Gerini von Perugia, den Herzog von Mirandola, den Grafen Alessandro Sforza Fiumi, Fürst und Fürstin von Carbognano. Unter den namhaften Persönlichkeiten finden wir auch Monsignore Cesare Rasponi, der später Kardinal wurde.

Zu den illustren Besuchen gehörte auch jener des Herzogs von Bouillon, Friedrich Moritz de la Tour d'Auvergne. Zahlreich erschienen auch polnische Fürsten, die durch das Beispiel des Polenkönigs Kasimir Waza[46], der ja ein grosser Verehrer des Heiligen war, angezogen waren. So kamen beispielsweise Herzog Sigismund von Radziwil mit seiner Gemahlin Lucrezia Strozzi oder die Fürsten Zamoiski und Lubomierski. Ebenso fanden sich viele Adelige aus Deutschland und Österreich ein, um dem Wundermann aus Apulien zu begegnen.

Die Herzogin von Mantua war bei ihm auf Besuch. Die Herzogin von Parma schrieb sogar, dass sie nach Assisi kommen möchte, um sich ‚*dieses Wunder des Jahrhunderts*', selbst einmal anzusehen.

Herzog Johannes Friedrich von Sachsen

Unter den vielen prominenten Besuchern war auch Johannes Friedrich von Sachsen, Herzog von Braunschweig. Er neigte zum Luthertum, denn in Sachsen gab es viele Lutheraner. Johannes Friedrich war ein suchender junger Mann voller Zweifel und Fragen. Er wollte sich an den berühmten mystisch be-

46 Kasimir Waza wandte sich an Br. Josef, als er noch Jesuitennovize in Italien war. Dieser sagte ihm voraus, dass er weder Jesuit bleibe, noch Priester werde. Alles was er über ihn sagte, traf danach zu. Er prophezeite im auch eine schwierige Herrschaft voraus. Von König Kasimir Waza sind einige Briefe, gerichtet an Br. Josef, erhalten. In den Antworten von Br. Josef sind immer wieder die Aufmunterung und die Gebetsverpflichtung des Heiligen herauszuhören (s. S. 76).

Hl. Messe des Josef von Copertino in Anwesenheit von Herzog Johannes Friedrich von Sachsen.

gabten Franziskaner in Assisi wenden. Von Kardinal Rapaccioli erwirkte er sich ein Empfehlungsschreiben. Auch Papst Innozenz X. empfahl ihn und bat den Kustos von S. Francesco, dem jungen Mann im Kloster eine Unterkunft zu gewähren, damit er mit Br. Josef sprechen könne. Der deutsche Herzog wurde von zwei Gefährten begleitet, der eine war katholisch, der andere lutherisch. Es war schon spät am Abend, als sie in Assisi ankamen. Der Herzog war ungeduldig und wollte den wundersamen Bruder sogleich sehen. Br. Kustos gab dem Drängen des Fürsten nach und führte ihn durch eine Geheimtreppe zur Zelle des Heiligen. Dieser war eben beim Zelebrieren der hl. Messe. Johannes sah, wie der Heilige die konsekrierte Hostie brechen wollte, es aber nicht konnte. Sie war so unendlich hart. Br. Josef legte die Hostie auf den Altar zurück, schaute sie voller Liebe an, denn er verstand den Grund dafür nicht. Plötzlich brach er in ein starkes, verzweifeltes Weinen aus. Nach einem Aufschrei flog er in die Luft und flog wieder fünf Schritte zurück, wo er dann auf den Knien blieb. So blieb er im ekstatischen Schauen auf die konsekrierte Hostie, nahm sie wieder in die Hände und konnte sie dann mit grosser Mühe brechen. Der junge Fürst, der dies alles beobachtete, bat danach den Bruder betroffen um eine Erklärung des Geschehens.

Br. Kustos befragte den Heiligen wegen dieses Vorfalls. Br. Josef gab zur Antwort: *„Diese Leute, die du mir geschickt hast, haben ein hartes Herz, weil sie nicht glauben, was die hl. Mutter Kirche glaubt. Aus diesem Grund wurde dieses Lamm in meinen Händen so hart, dass ich es nicht brechen konnte."*

Am Abend konnte der junge Herzog mit Br. Josef ein Gespräch führen. Dieser gab ihm zu verstehen, dass er für ihn nichts anderes wünsche als das Heil seiner Seele. Am anderen Morgen sah Johannes Friedrich während der Messe noch etwas anderes, das zu seiner zweifelnden Seele sprach. Beim Erheben des Hl. Leibes sah er in der Hostie ein schwarzes Kreuz. In diesem Moment brach der junge Herzog in ein starkes Weinen aus.

Anschließend befragte ein Mitbruder den Br. Josef zu diesem Geschehen. Dieser gab zur Antwort: *„Freuen wir uns, der Hirsch ist verletzt, hoffen wir auf seine Bekehrung."* Nach der hl. Messe blieb Johannes Friedrich mit dem Heiligen bis zum Mittag zusammen. Er hörte die Erklärungen des Bruders über den katholischen Glauben an. Nach dem Mittagsmahl zog er sich in seine Gemächer zurück. Der Heilige sagte zu ihm: *„Friedrich, gib mir deinen Willen, ich will ihn Gott geben."* Etwas später bat dieser Br. Josef um eine weitere Unterredung. Dieser empfing ihn, legte seinen Strick auf ihn und bemerkte: *„Jetzt habe ich dich für das Paradies gebunden!"* In der Zelle versicherte ihm der Fürst, dass er von nun an katholisch leben wolle. Er umarmte den Heiligen und sagte: „Nun sind wir Brüder!"

Kirchliche Persönlichkeiten

Neben diesem grossen Zustrom von hochgestellten weltlichen Persönlichkeiten hatte Br. Josef zahlreiche Freunde und Verehrer unter Ordensleuten, Priestern, Bischöfen und Kardinälen. Wir müssen uns hier auf ein paar Namen beschränken, weil das sonst den Rahmen dieses Buches sprengen würde.

Schon früh kam der Bischof von Assisi, Monsignore Baglioni, der Br. Josef in verschiedenen Situationen zu Rate zog, zu ihm. Es kamen die Bischöfe von Gubbio, Alessandro Sperelli, G. della Penna aus Spoleto, Lorenzo Castrucci von Nocera, Antonio Montecatini von Foligno, Sebastiano Pisani von Verona, und selbst der Erzbischof von Mailand, Alfonso Litta, war ein Besucher des Bruders aus Copertino.

Es wandten sich auch die Kardinäle Luigi Capponi, Fausto Polli von Osimo, Girolomo Verospi von Viterbo, Pierluigi Caraffa, Vincenzo Costaguti, Francesco Maria Machiavelli von Ferrara an ihn. Tiberio Cenci, der an einer schweren Krankheit litt, wandte sich an den Minderbruder.

Wegen seiner tiefen Verehrung für Br. Josef muss der Bischof von Senigallia, Kardinal Cesare Facchinetti, noch hervorgehoben werden. Er liess sich keine Gelegenheit entgehen, um bei diesem demütigen Minderbruder Trost und Mut zu holen. Eine Sonderstellung unter diesen hochgestellten Freunden nahm bei Br. Josef auch der Erzbischof von Bologna, Kardinal Nicolò Arbergati Ludovisi ein. Ihm hatte er nämlich die Erhebung in den Kardinalsstand vorhergesagt. Dieser Kardinal legte ihm sogar die Beschlüsse seiner ersten Synode zur Beurteilung vor.

Eine besondere Verehrung für Br. Josef hegte auch Kardinal Benedetto Odescalchi, der spätere selige Papst Innozenz XI. Man höre und staune: Dieser verzichtete sogar darauf, eine Messe zu zelebrieren, damit er aus der Hand von Br. Josef die hl. Kommunion empfangen konnte.

P. Nuti, der Biograph des Heiligen, der auch Kustos im Sacro Convento war, schreibt in seinem Werk über P. Josef von Copertino: „Wer alle jene Persönlichkeiten und Leute aus allen Volksschichten aufzählen wollte, die vom Rufe dieses Dieners Gottes zu einem Besuch oder zu seiner Verehrung hinzugezogen wurden, käme an kein Ende."

Infantin Maria Apolonia von Savoyen

Trotz aller Isolation und Abgeschlossenheit pflegte Br. Josef verschiedene Freundschaften. Eine solche verband ihn auch mit Maria Apolonia, der Tochter des Herzogs von Savoyen, Karl Emmanuel, und seiner Gattin, Katharina von Österreich. Sie war das sechste Kind von zehn Kindern. Verschiedene Versuche, sie auf Fürstenhöfen zu verheiraten, misslangen. Die Infantin wurde zudem von einer starken Taubheit geschlagen. Um hören zu können, musste sie sich eines Silberhornes bedienen. Sie träumte nun davon, Nonne zu werden. 1627 gründete sie ein Klarissenkloster und legte 1629 ein Keuschheitsgelübde ab.

Br. Josef in Ekstase vor dem Kreuz.

Auf einer Wallfahrt nach Loreto begegnete sie dem Fürsten Kasimir Waza. Dieser erzählte ihr von Br. Josef von Copertino, was in ihr eine solche Neugier erweckte, dass sie den Minderbruder unbedingt kennenlernen wollte. Nachdem sie dazu die Erlaubnis von der Generalkurie aus Rom erhalten hatte, machte sie sich nach Assisi auf, um diesen seltsamen

Bruder zu treffen. Sie war Gast bei ihm und seinen Brüdern in Rivotorto[47]. Das erste Mal sah sie ihn beim Zelebrieren der Messe. Während der Elevation der Hostie wurde er selbst in die Höhe erhoben. Diese eindrückliche Szene blieb zeitlebens im Herzen der Prinzessin eingeprägt.

Am folgenden Tag hatte sie mit Br. Josef ein persönliches Gespräch. Dabei hatte sie interessanterweise keine Gehörprobleme. Sie verstand den Bruder aus Apulien sehr gut, und so führten die beiden lange geistliche Gespräche. Anschliessend erlaubte Pater General, dass die Prinzessin im Refektorium der Brüder neben Br. Josef essen und sich mit ihm unterhalten konnte. Nach dieser eindrücklichen Begegnung trafen sich die beiden des Öfteren zu geistlichen Gesprächen. Sie wurde seine geistliche Tochter. Die vielen Briefe, die sie sich gegenseitig schrieben, zeugen von einer tiefen geistlichen Freundschaft der beiden. Sie waren seelenverwandt.

Erneutes Exil: Pietrarubbia

Am Morgen des 23. Juli 1653 hielt ein Fuhrwerk vor der Basilika S. Francesco in Assisi. P. Vinzenzo Pellegrini OP, Generalinquisitor in Perugia, verlangte, begleitet von vier bewaffneten Männern, nach Br. Josef von Copertino. Er sollte diesen von Assisi wegbringen. Der Kustos des Sacro Convento P. Roberto Nuti, sein späterer Biograph, war über die plötzliche Abreise des Ekstatikers informiert. Er liess den Inquisitor eintreten. Doch dieser musste sich ein paar Stunden gedulden, denn Br. Josef war eben beim Zelebrieren der hl. Messe. Der Heilige wusste nichts vom Besuch und vom plötzlichen Aufbruch. Der Inquisitor wurde ungeduldig. Sogleich nach der Messe

47 Rivotorto, der Ort der ersten Niederlassung des hl. Franz in einem Stall. Bis zum heutigen Tag gibt es da auch eine Niederlassung der Franziskaner-Konventualen. Rivotorto befindet sich östlich von Assisi.

Das Kapuzinerkloster in Pietrarubbia.

wurde Br. Josef informiert. Er erschrak, wurde kreidebleich und stand wie versteinert da. P. Vinzenzo übergab ihm den Brief der Inquisitionsbehörde in Rom mit dem Befehl, dass Br. Josef unverzüglich Assisi zu verlassen habe. Der Brief war von Papst Innozenz X. unterschrieben. Josef und seine Mitbrüder fanden dazu keine Worte. Der demütige Minderbruder ging in die Knie und küsste die Füsse des Inquisitors. Dieser war von so viel Demut ganz überrascht.

Br. Josef brach sogleich auf. „Er trug nichts am Leib als seinen Ordenshabit. An den Füssen hatte er bloss die Sandalen, die er nur im Hause zu tragen pflegte. Hut, Brille, Schuhe und Brevier lagen in seiner Zelle, und er hatte sie zum letzten Mal gesehen. Mit einer stummen Geste bat er den Kustos, der ihn ebenfalls stumm ansah, um seinen Segen. Noch ein letzter Blick auf die untere Basilika, wo der Leib des heiligen Franziskus ruht, der ihn durch vierzehn Jahre und drei Monate getröstet und gestärkt hatte, und der Wagen setzte sich in Bewegung, einem unbekannten Ziel entgegen. Man fuhr in nördliche Richtung..."[48]

Auf dem Weg machten sie in Città di Castello bei den Dominikanern Halt und blieben hier für einen Tag. Danach setzten sie die Reise fort, allerdings nicht mehr im Pferdefuhrwerk sondern auf dem Maulesel. Der Weg war mühsam und beschwerlich.

Belforte Lesauro war die nächste Etappe. Br. Josef sprach dabei: *„Ich bin überall zufrieden, denn Gott ist überall!"*

Wie kam es überhaupt zu diesem Zwischenfall? Am 17. Juli 1653 rief Papst Innozenz X. das Inquisitionsgericht zusammen, und zwar auf dem Quirinal in Rom. Der Papst hörte vom Ruf Br. Josefs, der sich immer weiter verbreitete. Die Inquisitoren sollten erneut die angeblich zur Schau gestellte Heiligkeit prüfen. Einerseits war der Papst ursprünglich dem Minderbruder sehr wohl gesinnt. Es konnte aber durchaus sein, dass die Schwierigkeiten durch die Reformation zu Tage kamen. Bestimmt war dabei auch Eifersucht im Spiel, denn viele Persönlichkeiten aus ganz Europa suchten Br. Josef auf. Nun hielt die Inquisitionsbehörde Assisi nicht mehr als geeigneten Aufenthalt für ihn. Er sollte an einen einsamen Ort verbannt werden, wo Leute kaum mehr Zugang zu ihm haben konnten. Man brachte ihn deshalb ins Kapuzinerkloster Pietrarubbia, in die Einsiedelei S. Lazzaro am Berg Carpengna, westlich von Urbino, im nördlichsten Teil der Marken. Diese befindet sich ganz nahe beim Carpegna. Das war jener Berg, den Br. Josef bereits in einem Traum gesehen hatte.

Dort angekommen, wurde er dem Guardian, Br. Gianbattista da Montegrimano übergeben. Dieser musste dafür sorgen, dass er die Zelle nur zum Zelebrieren der hl. Messe verlassen konnte. Es war ihm strikt untersagt, mit einer auswärtigen Person zu sprechen. Briefe durfte er weder schrei-

48 Gustavo Parisciani, a.a.O., S. 76

ben, noch durfte er welche empfangen, dies alles unter Androhung der Exkommunikation. Das Gericht gebrauchte die gleiche Formel wie vor 14 Jahren, als der demütige Bruder wegen der zur Schau gestellten Heiligkeit verklagt wurde.

Eine Gruppe von Brüdern erwartete Br. Josef. Dieser ging bei der Ankunft sogleich auf einen Bruder mit einem sehr langen Bart zu, fiel vor ihm auf die Knie und sagte: *„Bruder Guardian, segne mich!"* Dieser war ganz erstaunt und fragte den Ankömmling: „Woher wisst ihr, dass ich der Guardian bin?" Br. Josef gab zur Antwort: *„Ich kenne dich, weil ich dich schon gesehen habe, aber ebenso auch alle deine Mitbrüder."* Br. Josef hatte die Gabe des Hellsehens. Er hatte sie alle bereits vorher gesehen.

Es wurde ihm eine kleine Zelle bei der Krankenabteilung zugeteilt. Dies war ihm mehr als recht. Zur Seite wurde ihm Br. Josef von Fossombrone gestellt. Dieser Mitbruder sollte auch für sein leibliches Wohl sorgen. Der Beauftragte des Hl. Offiziums verordnete dem Gastgeberkloster strenge Auflagen. Br. Josef durfte die Zelle nur verlassen, um die Messe zu zelebrieren oder an der hl. Messe teilzunehmen. Weiter wurde ihm auferlegt, mit niemandem ausser den Brüdern des Klosters zu sprechen.

Br. Josef schickte sich in diese Massnahmen. Die Brüder vor Ort waren alle von seiner Milde und Güte erbaut. Nach ein paar Tagen kam die Nachricht, dass er seine Zelle verlassen und im Garten spazieren gehen dürfe. Alle Kontakte blieben ihm aber weiterhin streng untersagt.

Die Brüder wurden oft Zeugen seiner Entrückungen. Dem Guardian gab er den Auftrag, er solle ihn jeweils im heiligen Gehorsam zurückholen.

Am Abend unterhielt er seine Mitbrüder mit kleinen Poesien in seinem copertinischen Dialekt. Die Brüder hörten ihm gerne zu. Nie kam ein Wort über seine ungerechte Behandlung von Seiten der Inquisition über seine Lippen. Er ergab sich der Situation, dem aufgezwungenen Schweigen und der

Die Zelle des Heiligen in Pietrarubbia.

Einsamkeit. Er sagte sich: *„Ich bin wie ein Schiffbrüchiger auf einer Klippe vom Meer umgeben; ich erwarte die Hilfeleistung von der göttlichen Vorsehung."*

In den verschiedenen Massnahmen, die ihm das Gericht auferlegt hatte, wurde nichts über das Zelebrieren der privaten Messen gesagt. Die kleine Kirche des Eremitoriums füllte sich jeden Tag mehr, wenn Br. Josef die Eucharistie feierte. Denn schnell verbreitete sich die Nachricht, dass der Bruder aus Apulien im Eremo weile. Es setzte ein Strom von Pilgern ein. Viele Menschen aus Urbino, Fossombrone, Pesaro, Rimini, Cesena und Assisi reisten zum Eremo der Kapuziner nach Pietrarubbia: Verehrer, Kranke, Neugierige, Leute aus den verschiedensten Ständen, die einfach Br. Josef sehen oder sprechen wollten. Das stille Klösterlein stand sehr bald inmitten eines lebhaften Treibens: Die Leute begannen Zelte aufzustellen. Wenn der Bruder aus dem Salento die Messe las, kannte die Begeisterung der Besucher keine Grenzen. Beinahe wie die Träger des Gelähmten von Kafarnaum (Mk 2, 1-12), deckten sie das Dach des Klosters ab oder schlugen sogar Löcher in die Mauern, um den Heiligen in seinen Ekstasen beobachten zu können. In dieser Zeit wurde eine Frau aus Macerata von einem Tumor an der Brust geheilt.

Die Inquisition wollte die Abgeschiedenheit, doch es kam in Pietrarubbia zum Volksauflauf. Das hl. Offizium musste eingreifen. Indessen wurde in Rom eine wirksamere Massnahme ausgedacht. Kaum war ein Monat vergangen, wurde Br. Josef auferlegt, nur noch bei verschlossener Kirche die Messe zu feiern. Dem Volk wurde jegliche Teilnahme an seinen Messen untersagt.

Eine Begebenheit aus Pietrarubbia: Die hl. Messen, die Br. Josef zelebrierte, waren jeweils sehr lang. Dabei geriet er immer in Ekstase, und es konnten dabei Stunden vergehen. Br. Guardian machte sich Sorgen, denn die Kerzen wurden bei diesen Gottesdiensten jeweils aufgebraucht. Nun bat Br. Guardian Br. Josef: „Bitte Pater, zelebrieren Sie die Messen nicht so lange, denn das braucht viel Wachs." *„Mach dir keine Sorgen, Br. Guardian. Lass mich machen. Morgen schicke ich dir ‚meinen Alten' zum Betteln von Kerzen."* Mit dem ‚Alten' meinte er den hl. Bettelbruder Felix von Cantalice[49]. Tags darauf fand Br. Guardian tatsächlich zwei Schachteln Kerzen, also genau so viele, wie vorher verbraucht worden waren. Br. Josef gab zur Antwort. „Dieser Alte hat vorgesorgt, er hat mir diesen Liebesdienst erwiesen." Gerade auch hier ist zu sehen, dass der Heilige in engem Kontakt mit der geistigen Welt war. Im Himmel sind die Gesetzmässigkeiten einfach anders als auf Erden. Die Kerzen genügten, so lange Br. Josef in S. Lazzaro blieb.

Die Inquisition griff erneut ein: Am 2. Oktober des gleichen Jahres 1653 wurde Br. Josef wiederum versetzt, diesmal nach Fossombrone, in ein anderes Kapuzinerkloster.

Fossombrone

Bei Sonnenuntergang kam ein geheimnisvoller Wagen mit vier Dienern zum Kloster. Es war der Generalvikar Don Mario Viviani, der ein Dokument der Inquisition bei sich hatte. Br. Josef sollte ins Kapuzinerkloster Fossombrone überführt werden. Als die Delegation nach ihm fragte, fanden sie den Bruder betend in seiner Zelle. Der Generalvikar sagte zu ihm: „Ich muss dich von hier wegbringen!" *„Wohin?"*, wollte

49 Der hl. Felix von Cantalice OFMCap, bekannt als ein guter Freund des hl. Philipp Neri. Mit ihm zusammen machte er die Strassen Roms ‚unsicher'. Er wurde 1515 in Cantalice, Rietital geboren, wurde Kapuziner und war viele Jahre Almosenbruder in Rom. Er ist mit dem Namen *‚Br. Deo Gratias'* in die Geschichte eingegangen. Den Namen bekam er vom Bettelgang, weil er immer *‚Deo Gratias'*, ‚Vergelt's Gott' für die empfangenen Gaben sagte. Er starb 1587 in Rom, wo auch sein Grab ist. 1625 wurde er selig- und 1712 heiliggesprochen.

Br. Josef zu Recht wissen. „Es ist mir verboten, dir dies mitzuteilen!", antwortete der Kirchenfürst. *„Wird dort der Gekreuzigte sein?"* fragte Br. Josef. „Sicher, ohne Zweifel, Pater", meinte der Generalvikar. *„Also, dann gehen wir freudig. Das Kreuz wird uns halten!"* meinte Br. Josef. Er wurde nun zu einer kleinen Kutsche geführt.

Während der Reise hatte er verschiedene Ekstasen, und es ereigneten sich auch Wunder. Obwohl es auf dem ganzen Weg regnete, blieb Br. Josef völlig trocken. Sie fuhren auf Seitenwegen und mieden die belebten Strassen. Um möglichst den Neugierigen auszuweichen, machte man in einem Gehöft Halt. Am andern Tag wurde die Reise fortgesetzt. Sie ging durch unwegsames Gelände dem Tal des Flusses Metauro entlang, um der Stadt Urbino auszuweichen. Als sie die Ortschaften Tortora e Colomba hinter sich hatten, wanderten sie über den Berg Cesana. Das Kloster lag weit oben auf einer überhängenden Felswand, die den Fluss Metauro überragt. Die Einsiedelei war über einen Saumpfad zu Fuss oder mit einem Maultier zugänglich. Das Kapuzinerkloster Fossombrone gilt als eines der ersten Klöster der Kapuzinerreform.

Dieser abgeschiedene Ort war nun das Heim unseres Gefangenen. P. Guardian Teodoro da Cingoli empfing wohl etwas erstaunt die seltsame Reisegesellschaft. Ihm wurden gleich die strengen Vorschriften des hl. Offiziums vorgelesen. Jeder, der über Br. Josefs Aufenthalt hier sprach, konnte exkommuniziert werden. Der Guardian sollte den Ankömmling bewachen. Der ‚Klosterhäftling' durfte von keinem Aussenstehenden gesehen werden. Wenn er in den Garten gehen wollte, mussten vorher alle Türen des Klosters abgeschlossen werden. Niemand, der nicht Kapuziner war, durfte vom neuen Aufenthaltsort Br. Josefs erfahren. Die Zelle des Heiligen war sehr klein. Als Bett diente ihm ein Brett. Dies war für den Gefangenen aber kein Problem. Auch an diesem Ort konnte Br. Josef die hl. Messe nur privat zelebrieren. Sein Aufenthalt war gezeichnet von vielen Ekstasen, Flügen und ausseror-

Zelle des Heiligen in Fossombrone.

dentlichen Visionen. Es genügte nur ein Bild oder ein guter Gedanke, und schon wurde er im Flug weggetragen.

Am Portiunkulafest[50] , am 1. August 1655, ereignete sich etwas Besonderes: Die Brüder gingen in die Kirche, um den Ablass zu gewinnen. Br. Josef hatte eine Vision des hl. Franziskus. Er breitete seine Arme aus, tat einen Schrei und blieb in regungsloser Haltung. In diesem Augenblick klopften Pilger an die Klosterpforte. Schnell packten ihn die Brüder und trugen ihn in die Küche. Dort legten sie ihn auf eine Matte. Der Vikar des Klosters sprach den regungslos Daliegenden mit folgenden Worten an: „P. Josef, wo sind wir denn?" Da erwachte dieser aus der Ekstase und sagte, indem er sich entschuldigte: *„Pater Vikar, du hättest dir diese Mühe ersparen können. Es hätte genügt, mich im Gehorsam zu rufen und ich wäre sogleich zurückgekehrt."* Seltsam, das Klopfen der Pilger hatte nicht die Sinne des Heiligen erreicht, aber es genügte ein Wort des Obern, um den geheimnisvollen Zustand zu beenden.

Er hielt sich auch hier gern bei den Mitbrüdern auf, die er unterhielt. Er dichtete Lieder und Sprüche. *„Wer Liebe hat, ist reich und weiss es nicht!" „Wer überall und an jedem Ort Geduld hat, macht nicht viel, macht nicht viel!" „Das wahre und vollkommene Gebet besteht darin, den Willen Gottes zu tun. Keine Versuchungen haben, ist eine grosse Versuchung."*

---

50 Die kleine Kapelle Portiunkula (übersetzt ‚Teilchen', weil der Landstrich rund herum dem Benediktinerkloster S. Benedetto auf dem Subasio gehörte). Die Kapelle ist der *Muttergottes von den Engeln* geweiht. Sie liegt am Fusse der historischen Stadt Assisi, zwei Kilometer südwestlich. Dieses kleine Gotteshaus ist die Mutterkirche der Franziskanischen Familie. Für diese Kapelle hat der hl. Franziskus von Papst Honorius III. 1217 für den 2. August, den Weihetag des Kirchleins, den sog. Portiunkulaablass in Perugia erhalten. Jeden Tag kann hier der Portiunkulaablass gewonnen werden. In den Franziskanerkirchen ist die Ablassgewinnung nur am 1./2. August möglich, vgl. G. Egger, Maria und die Franziskaner, Jestetten 2010.

Trotz der verschiedensten Verbote wurde schnell bekannt, wo sich der berühmte Franziskaner aufhielt. Viele wünschten, dass er nach Assisi zurückkehren könnte. Der Papst aber blieb unbeweglich. Auch hier hörte Br. Josef nicht auf, Wunder zu wirken.

Am Morgen des 7. Jan. 1655 trat Br. Josef nachdenklich in die Kapelle. Kurz danach sagte er zum Bruder Sakristan: *„Bitte, richte mir ein schwarzes Messgewand her."* Der Mitbruder gab dem Pater zu verstehen, dass an diesem Tag keine Messe für Verstorbene vorgesehen sei. Doch Br. Josef legte Wert darauf und sagte: *„Gib mir das schwarze Messgewand! In diesem Moment ist Papst Innozenz X. gestorben. Ich sah nämlich, wie der Papst starb."* Diese Nachricht verbreitete sich schnell. Anderntags wurde bestätigt, der Papst sei genau zu der Stunde gestorben, die Br. Josef vorausgesagt hatte. Als Nachfolger wurde Papst Alexander VII. gewählt, Kardinal Chigi mit Namen, ein kultivierter und demütiger Kirchenmann. Er war vorher Bischof von Nardò und Copertino. So erzählte man, dass Kardinal Chigi während einer Krankheit durch Br. Josef geheilt worden war. Mit der Wahl des neuen Papstes erwuchs in Br. Josef die Hoffnung, wieder zu seinen Mitbrüdern in die Heimat zurückkehren zu können.

„Die Sünde, derer sich das Inquisitionsgericht gegenüber Josef schuldig gemacht hat, bestand in der Nichtbeachtung von Jesu Wort: ‚Man zündet auch nicht ein Licht an und stellt es unter den Scheffel, sondern auf den Leuchter, dann leuchtet es allen, die im Hause sind' (Mt 5, 15). Durch die strenge Klosterinternierung, die einer Haft gleichkam, machte sie diese Worte zunichte. Es ist traurig und schwermutsvoll, mit welcher Leichtigkeit über Christi Befehl, ‚das Licht vor den Menschen leuchten zu lassen' hinweggeschnitten wurde. Wirkte sich die Angst vor dem realen Heiligen nicht nachteilig aus? Geht es nicht deswegen mit dem Christentum in der Welt nicht vorwärts und kommt es nicht aus diesem Grund nie zur wahren Entfaltung des Evangeliums? Die Gabe, die Gott mit Josef der Christenheit geschenkt hat, wurde nicht entsprechend gewürdigt, diese Feststellung lässt sich schwerlich unterdrücken. Die Unbrauchbarkeit des jungen Josef war der ihm vorausgehende Schatten, beide bezeugen die Fremdheit des Göttlichen auf dieser Welt."[51]

Vom Generalkapitel 1656 wandte sich eine Kommission mit acht Mitbrüdern an Papst Alexander VII. mit der Bitte, dass Br. Josef wieder in den Orden zurückkehren dürfe. Er erlaubte es ihm mit der Auflage, nicht mehr nach Assisi zurückzukehren. Er sagte dazu: „Wir wollen ihn nicht in jenem Wallfahrtsort. Dort genügt schon ein hl. Franziskus in Assisi, um das Volk aus allen Gegenden anzuziehen."

Osimo, sein letzter Lebensabschnitt

Nun wurde beschlossen, dass Br. Josef ins Kloster S. Francesco in Osimo, in die Mark Ancona verlegt werden solle. Über diesen Konvent hatte Bischof Antonio Bichi, ein Neffe des Papstes, die Oberaufsicht.

In der Zeit aber, als man die neue Versetzung von Br. Josef vorbereitete, brach auf der italienischen Halbinsel die Beulenpest aus. Sie forderte eine grosse Zahl von Opfern. Allein in Rom gab es fünfzehntausend Tote. Die Strassen waren gesperrt, die Städte bewacht. Wegen dieser ausgebrochenen Pest wurde Br. Josef so lange in Fossombrone zurückgehalten. Seine Übersiedelung zu den Mitbrüdern nach Osimo erfolgte daher erst ein Jahr später.

Auch die Reise nach Osimo wurde von wundervollen Begebenheiten begleitet. In Padiglione im Val Musone machte das Gefährt auf einem Bauernhof Halt. Br. Josef stieg auf die Terrasse des Hauses und bewunderte das schöne Panorama. Auf einmal rief er aus: *„Mein Gott, wieviele Engel sehe ich dort*

51 Walter Nigg, a.a.O., S. 398.

vom Himmel kommen und gehen! Was ist das für ein Ort?" Es ist war die Basilika von Loreto, wo das Haus der Hl. Familie verehrt wird. Sie befanden sich in nächster Nähe von Loreto. Br. Josef meinte: *„Es wundert mich nicht mehr, warum so viele Engel zu diesem Ort kommen, wo der Herr vom Paradies runter gekommen!"* Plötzlich erhob er sich mit Leichtigkeit und flog vom Eingang des bäuerlichen Gehöfts zur Tenne, die unter einem Mandelbaum stand. Dann sang der Minderbruder Weihnachts- und Marienlieder, die immer wieder von neuen Ekstasen unterbrochen wurden. ‚Mandelbaum des hl. Josef', so wurde dieser Baum dann wegen des Fluges des Heiligen genannt.[52]

Als es Nacht geworden war, wagte man den Einzug in Osimo. Der Stadtwache am Tor erklärte man, der Generalsekretär der Franziskaner komme mit seinem Gefolge, um bei den Mitbrüdern Visitation zu halten. So konnten der Heilige und sein Gefolge unerkannt ins Kloster gelangen. Es war gegen Mitternacht, als sie am Ziel ankamen. Es war der 9. Juli 1657. Der illustre Gast wurde also auch hier in aller Heimlichkeit empfangen. Br. Josef freute sich, wieder im Kreise seiner Mitbrüder zu sein. Er trat in den Kreuzgang des Klosters und sagte: *„Haec requies mea, das ist der Ort meiner Ruhe!"* (vgl. Ps 132, 14).

Ja, das war tatsächlich der Ort seiner Ruhe, denn von hier musste er nicht mehr weg.

Dem Heiligen wurde allerdings weiterhin verboten, Briefe zu schreiben oder Briefe zu empfangen. Er durfte auch nicht im klösterlichen Bereich frei herumgehen, sondern nur dort, wo es ihm erlaubt wurde. Auch wurde ihm untersagt, mit den Brüdern, die auf der Durchreise waren, zu sprechen. Nach wie vor sehr harte Auflagen. Einige meinten, dass diese ausserordentlich hart seien, andere fanden sie notwendig und klug. Br. Josef musste sich weiter all diesen Anordnun-

52 Die Darstellung, die sich in der Sakristei von Osimo befindet, ist wohl die bekannteste davon. Sie wurde vom Künstler Mazzanti 1674-1766 gemalt, vgl. S. 136.

Kreuzgang des Klosters in Osimo.

gen unterziehen. Er tat es im hl. Gehorsam, wenn auch nicht ohne Schmerzen.

Seine Ankunft in Osimo war für die Brüder dort eine Überraschung. Es war für ihn nicht einmal eine Zelle vorbereitet worden. In den ersten 14 Tagen wurde er in der Doppelkammer des Guardians untergebracht. Danach wurden ihm auf Anweisungen des Offiziums drei Zellen zugeteilt. Diese sollte er in den letzten sechs Jahren seines Lebens bewohnen.

In der ersten Zelle konnte er Gäste empfangen, vorausgesetzt, er hatte dazu die Erlaubnis. In die zweite Zelle konnte er sich zum Gebet zurückziehen und dort auf einem Altar die hl. Messe zelebrieren. Die dritte Zelle diente ihm als Schlafraum. Hier konnte er sich auch zum Essen aufhalten. Mittels einer Holzleiter konnte er von hier zur zweiten Zelle, zur Kapelle hinuntersteigen, von wo aus er auch Zugang zum Klostergarten hatte. Die Zellen waren dunkel, so dass er auch untertags das Licht anzünden musste. Zum Glück hatte er einen Garten, in dem er sich aufhalten und ungestört die Natur betrachten konnte.

Dem armen Bruder aus Apulien war es nach wie vor nicht erlaubt, sich mit den Mitbrüdern zu unterhalten. Dies war für sein südländisches Temperament wohl am schwersten zu ertragen. Still fügte er sich. Kranke Mitbrüder durfte er besuchen, Pflege und Hilfe waren ihm aber streng untersagt. In seinem Herzen trug er den tiefsten Wunsch, einmal zum Heiligtum nach Loreto zu wallfahren. Doch auch dies wurde ihm nie gewährt. Er überwand und ertrug all diese Schwierigkeiten und Entbehrungen mit ungebrochenem Mut. Alles ertrug der Heilige mit grosser Geduld. Er betete, tröstete und sang. Fast jeden Abend kamen die Mitbrüder, um seine Lehre zu hören, seine Liedverse zu singen und um sich in kleinen oder grösseren Fehltritten von ihm trösten und geistlich führen zu lassen. *„Wie steht es mit dem Lämmlein?"* er meinte damit Jesus. So fragte er die, welche es mit der Nächstenliebe fehlen liessen. *„Wie steht es mit deiner Armbrust?"* – sagte er lächelnd

An diesem Muttergottesaltar in seiner Zelle in Osimo zelebrierte Br. Josef täglich die Hl. Messe.

zu jenen, die manchmal die Pflicht vernachlässigten. *„Wo ist dein Brevier?"*, mahnt er die, die dieses Gebet vernachlässigten oder vergessen hatten. Es wurde in der Klostergemeinschaft festgestellt, seitdem Br. Josef in Osimo sei, werde das Ordensleben eifriger gelebt und die Sammlung und Innerlichkeit fehle den Brüdern nicht.

Seinem vertrauten Mitbruder Nuti (sein späterer Biograph) gestand er, dass er in Osimo sehr glücklich sei. Er überwand die Isolation und all das Bedrückende durch Gebet, Gesang, Dichtungen und Lektüre.

Damals lebte im Kloster Osimo P. Silvestro Evangelisti, der mit Br. Josef befreundet war. Ihn nannte der Heilige nur seinen Sakristan. Br. Josef bat ihn zur Weihnachtszeit, er solle ihm eine Darstellung des Jesuskindes aus Stoff besorgen. Er durfte das Kloster ja nicht verlassen. Br. Silvestro ging zu einem Klarissenkloster und liess sich leihweise ein Jesuskind aus Wachs geben. Als der Heilige das Jesuskind sah, nahm er es voll Zärtlichkeit in seine Hände und drückte es immer wieder an sich. Er geriet dabei in Verzückung, tanzte und sang dabei: *„Bambinello, mio Bambinello… Kindlein, mein Kindlein, wie schön bist du! Der dich betrachtet, dem raubst du die Ruh. Raubst durch deine Lieb' ihm das Herz und trägst es himmelwärts."* P. Silvestro hatte Angst, dass das Jesuskind zerbrechen könnte und rief ihn zurück. Der in Verzückung geratene Josef sagte ihm: *„Ah, so wenig Glauben hast du! Sing auch du!"* Bei all diesen Gebärden und Zärtlichkeiten geschah diesem Wachskindlein nichts.

Die Brüder des Klosters, aber auch die Gläubigen stellten fest, dass Br. Josef genau die Orte, Personen und Krankheiten der Menschen seiner Umgebung kannte. Er betete für sie und ihre Anliegen. Obwohl er ein Gefangener seiner Zelle war, wusste er, was draussen vor sich ging. Man kann nur staunen, wie er gewisse Dinge bis ins Letzte kannte, obwohl er nie dort war. Er konnte Zerstrittene versöhnen, gab Kranken die Gesundheit wieder. Für alle Menschen und ihre Anliegen betete er immer wieder.

In der totalen Abgeschiedenheit war er ein Beispiel für seine Mitbrüder. Nach Jahren der durchlebten Spannungen wegen der verschiedensten Widerstände fehlten ihm aber auch hier nicht die inneren Kämpfe. Die Stille von Osimo aber brachte Heiterkeit in sein müdes Herz.

Bruder Tod ist in der Nähe

Jahr um Jahr wurde sein Gesundheitszustand fragiler. Mit 60 Jahren war sein Körper von seinen Leiden und Bussübungen sehr verbraucht. Er war fast blind und das Essen bereitete ihm Mühe, weil er kaum mehr kauen konnte. Feste Nahrung konnte er nicht mehr zu sich nehmen.

Innerhalb weniger Wochen wurde er sehr krank. Er bekam das Wechselfieber. Das Fieber stieg hoch, ein Alarmzeichen einer schweren Krankheit. Am 15. August zelebrierte er zum letzten Mal die hl. Messe. Kreidebleich und total erschöpft kehrte er in die Zelle zurück. Die Brüder gaben ihm Medikamente, die er dankend annahm. Einer seiner Brüder sagte zu ihm: „Du hast immer für die Gesundheit der anderen gebetet. Bitte jetzt Gott, er möge doch dein Leben verlängern!" Br. Josef gab zur Antwort: *„Das werde ich nie tun. Ich gebe mich ganz dem Willen Gottes hin. Ich lebe oder sterbe, wann er will. Ich will nur ihm dienen."*

Nach einer kleinen Erleichterung sagte er: *„Das Eselchen beginnt, den Berg hinauf zu steigen."* Kurz darauf bat er um die Sterbesakramente und bat dabei seine Brüder um Verzeihung für all seine Schuld. Während der Guardian P. Bernardo Buttari nach den Weisungen des Zeremonienbüchleins die fünf Sinne des Kranken mit Öl salbte, hörte man aus der Zelle Josefs Ausrufe der Freude: *„O welches Licht, welcher Glanz! O was für schöne Worte! Was für tröstliche Stimmen! Welcher Wohlgeruch! Welche Süssigkeit! O welcher Vorgeschmack des Himmels! O welches Himmelsglück!"* Danach rief er: *„Das Eselchen ist am Ziel auf dem Berg angekommen!"*

Am 12. September hatte er seine letzte Ekstase. Der Bruder, der ihm die hl. Kommunion brachte, war Zeuge davon. Dann rief er: *„Schau die Freude, Ecco la gioia!"* und erhob sich empor.

Am 17. September bat er um eine kleine Orgel, die ihm dann in die Zelle gebracht wurde, und die Brüder sollten für ihn singen. Sie sangen zur Ehre der Gottesmutter, seiner

Hl. Josef mit den Engeln in der Verherrlichung. Gemälde in der Kuppel der hl. Josefbasilika, Osimo.

geliebten Mutter. Die Kräfte hatten sichtlich abgenommen. Nun flüsterte er: *„Gott sei Lob und Dank. Der Wille Gottes geschehe. Das Eselchen ist auf dem Berg angekommen; es kann nicht mehr weiter, es ist daran, den Balg zurückzulassen!"*

Am 18. September umgab ein sanftes Lächeln seine Lippen. Plötzlich wurde sein Haupt mit einem ganz hellen Licht umgeben. Friedlich entspannt ruhte sein Leib, wie im Schlaf, ohne die Spur des Leidens oder eines Todeskampfes. So gab er am 18. September 1663 seine Seele dem Schöpfer zurück.

Man öffnete seine Herzkammer und fand sie ohne Blut. Das Herz war ausgetrocknet, was den übernatürlichen Flammen zugeschrieben wurde, die ihn verzehrten. Sein letzter Wunsch vor dem Sterben war, man möge seinen Leib an irgendeinem verborgenen Ort beisetzen, so dass das Grab von niemandem gefunden würde. Dieser Wunsch ging für ihn, der zeitlebens von den Menschen abgesondert wurde, allerdings nicht in Erfüllung.

Inneres der Basilika von Osimo.

Auf dem Weg zur Heiligsprechung

In den frühen Morgenstunden des 19. September drängten sich viele Leute in die Sakristei des Klosters, um nochmals den Heiligen zu sehen. Der tote Leib musste durch einen Bretterverschlag geschützt werde. Abwechselnd hielten acht Chorherrn, acht Ritter und acht Ordensleute, Wache. Man befürchtete, die Menge könnte von seinem Kleid oder von seinem Leib Reliquien forttragen.

Die Wunder und Gnadenerweise blieben auch nach seinem Tod nicht aus. Der Heilige wurde am 20. September in der Kapelle der Immaculata beigesetzt. Damals stand dieser Altar links vom Hochaltar. Von diesem Tag an nahm der Pilgerstrom zum Grab des hl. Josef von Copertino nicht mehr ab.

25 Jahre nach dem Tod des Heiligen wurde der Informativprozess eröffnet. Man begann damit 1668 in den Diözesen Nardò, Assisi und Osimo, wo Josef gelebt und gewirkt hatte.

Es wurden Augen- und Ohrenzeugen vorgeladen. Diesmal nicht, um ihn anzuklagen oder gar zu verurteilen, sondern um Beweise und Beispiele seines heiligen Lebens und Sterbens zu sammeln. Doktoren der Theologie und der Medizin, Bischöfe und Kardinäle beschrieben zum Teil sehr detailliert sein Leben und seine Wunder.

1688 konnte der Apostolische Prozess in Rom aufgenommen werden. Alles schriftliche Material und die Zeugnisse wurden geprüft. Die Verehrungswürdigkeit des Dieners Gottes wurde offiziell bestätigt. 1735 erklärte die Ritenkongregation, dass Josef von Copertino alle Tugenden in heldenhafter Weise geübt hatte und nun *Ehrwürdiger Diener Gottes* genannt werden dürfe.

Neue wunderbare Ereignisse, die seiner Fürbitte zugeschrieben wurden, trieben dann den Seligsprechungsprozess voran. Die Seligsprechung vollzog schließlich Papst Benedikt XIV. am 24. Februar 1753.

Die wunderbaren Heilungen und auffallenden Gebetserhörungen nahmen nicht ab. Unter zahlreichen Wundern, die man der Fürbitte des sel. Josef von Copertino zuschrieb, wurden drei ausgewählt, die dann die Heiligsprechung ermöglichten. Alle diese wunderbaren Heiligungen und Gebetserhörungen wurden jahrelang von namhaften Ärzten und Theologen geprüft.

Am 27. Januar 1767 befragte Klemens XIII. in einer Versammlung Kardinäle und Konsultoren um ihre Meinung, ob man zur Heiligsprechung des seligen Josef von Copertino schreiten solle. Alle stimmten einmütig zu.

„Damit rehabilitiert die Kirche Josef von Copertino noch einmal ausdrücklich vor aller Welt und erkennt an, dass seinem Gehorsam, seiner Liebe und Selbstverleugnung, seiner demütigen Unterwerfung unter ihre Autorität heroischer Grad zugebilligt werden muss. Alles andere als leichtfertig oder unkritisch, bestätigt sie die Echtheit und Übernatürlichkeit der erst umstrittenen Erscheinungen und Ereignisse seines Lebens, derentwillen sie den Mystiker zu seinen Lebzeiten von der Öffentlichkeit ‚versteckt' hatte."[53]

Am Jahrestag der Heiligsprechung des Ordensgründers Franz von Assisi, am 16. Juli 1777, wurde Br. Josef von Copertino in der herrlich geschmückten Vatikanbasilika der Ehrenname eines Heiligen verliehen.

Zahlreich waren die Wunder, die er zu Lebzeiten wirkte. Zahlreich sind sie auch nach seinem Tod.

Die sterblichen Überreste des Heiligen der Flüge befinden sich in einem Glasschrein in der Krypta der Klosterkirche von Osimo, die eigens für ihren Heiligen 1963 gebaut wurde.

1953 wurde das Herz des Heiligen von Osimo in seine Heimatstadt Copertino übertragen. Der Geburtsplatz des hl. Josef mit seiner Herzreliquie kann heute in der St. Josefskirche in Copertino verehrt werden.

53 L.Holtz, a.a.O, S. 100.

Jesuskind des hl. Josef von Copertino.

VEREHRUNG UND CHARAKTER

In der Gefolgschaft des hl. Franz von Assisi

Wir stellen fest, dass der hl. Josef von Copertino ein ganz authentischer Sohn des hl. Franz von Assisi ist.

Das arme Kindlein von Betlehem, der Gekreuzigte, die hl. Eucharistie, IHM gleicht er sich an. Er leert sich gleichsam ganz aus, um alles aus seinen Händen zu empfangen. Er lässt sich wirklich von Christus wandeln und verwandeln. Er liefert sich diesem Gott aus, der das höchste Gut ist, der das einzige und höchste Gut ist, alles Gute ist. Er wurde in IHN umgewandelt, er wurde wie sein Ordensgründer Franziskus von Assisi ein zweiter Christus.

Geheimnis der Menschwerdung

Das Geheimnis der Menschwerdung des Wortes Gottes im ‚reinsten Schoss der Jungfrau Maria, in dem er unser Bruder wurde', ist bei Br. Josef eine Realität, die sehr gegenwärtig ist bei seinem Beten. Wie es sich an verschieden Orten zeigt, sieht er Christus als Kind von Betlehem. Er nennt das Kind liebevoll ‚das Kindlein', ‚*Bambinello*'. Wie Franziskus, sein Ordensgründer, wird er nicht müde, den Menschen vom Kind zu Betlehem zu erzählen. Dieses Kind ist der Sohn Gottes, der das Licht in die Welt bringt. Er erlebte das ganz konkret, indem er ein Jesuskindlein aus Wachs in seine Hände nahm und es in seine Arme schloss. Er sang ihm Lieder und tanzte für diese göttliche Liebe Gottes, die in die Herzen der Menschen eingegossen wurde. Jeweils 14 Tage vor Weihnachten lud Br. Josef Abend für Abend seine Mitbrüder ein, für das Bambinello in seiner Zelle Lieder zu singen. Josef selbst konnte dabei in kindlicher Liebe bis zu 100 Mal die Strophen vom Lobpreis für das Jesuskind singen. In seiner Begeisterung begleitete er die Lieder mit einer selbstgefertigten Flöte oder einer kleinen Orgel.

In der Nachfolge des Kreuzes

Die Erinnerung der Passion trug er ‚stets in den Augen, im Verstand, im Herzen'. Er teilte sein Leiden mit Christus, der zeitlebens nicht verstanden wurde und dessen Botschaft oft ins Leere ging. Die Tränen flossen reichlich in Gedanken an seinen gekreuzigten Herrn. Ganz besonders, wie er einmal nach einer Ekstase erzählte, dass die Sünde der Nagel war, der mit einem Hammer der Undankbarkeit die Glieder seines Leibes durchstachen. Br. Josef verstand ganz klar, dass diese überaus grosse Liebe uns das Leben zurückbrachte. Besonders in der Fastenzeit, wenn die heiligen Drei Tage in die Nähe rückten, befand er sich vor übergrosser Liebe oft lange in Ekstase. Er dichtete Folgendes:

Zu Ehren des hl. Kreuzes

O schöner Wille meines Herrn,
der die Seele sättigt und das Herz erfreut.
Dich umarme ich, o heiliges und frommes Kreuz,
und an dich hänge ich all meine falschen Wünsche.
Auf dich, heiliges Kreuz, setze ich jede Hoffnung
und auf dich Jesus, der du der Gekreuzigte bist.

Leidenswerkzeuge

Kreuz, Dornen, Nägel, Geisseln und Ketten,
warum gebt ihr meinem Herrn so viel Leiden?
Was habt ihr zu tun mit Gott?
Kommt zu mir, der ich ein Sünder bin.

Br. Josef fliegt auf ein Kreuz hin.

Verliebt in die Eucharistie

Die Eucharistie bildete einen der wichtigsten Aspekte seiner Spiritualität. Wie Franziskus betrachtete er, wie sich der Sohn Gottes jeden Tag in den Händen des Priesters verdemütigt. Jede Freude, jede Befriedigung, jede Fülle, jeden Wunsch findet Br. Josef beim Altar. Vor diesem grossen Sakrament hebt es ihn vom Boden ab, denn bei jeder Messe begann er zu schweben. Auch tanzt er wie David vor der Bundeslade. Er weint und jammert. Er zeigt mit den Elevationen, was dieses Sakrament in jedem Menschen im Innersten erwirken kann. Oft bringt auch das ausgesetzte Allerheiligste ihn in Ekstase, er hebt dann ab und fliegt zum Tabernakel hin. In der Nähe des Tabernakels, in der Feier der Eucharistie findet er ganz die Erfüllung seiner grossen Sehnsucht. Oft reist es ihn dabei in die Höhe oder er gerät ausser sich vor Freude. Auch weint und zittert er, ja er tanzt wie ein Betrunkener. An seinen Gebärden und an seinem Verhalten kann man ablesen, was ihn innerlich bewegt, „an dem körperlich Emporgehoben werden seinen geistigen Aufstieg zu Gott, am schwebenden Zurückweichen seine Demut und menschliche Unwürdigkeit vor dem Heiligen. Das ‚Gleichgewicht' zwischen der natürlichen Schwerkraft und seinem geistlichen Aufschwung, zwischen dem normalen sinnenhaften Leben und religiöser Entrücktheit ist auf schmalem Grad so ‚fein eingestellt', dass es oft nur eines geringen Anstosses bedurfte, um ihn ganz ‚ausser sich' zu bringen. Für viele wird er zur lebendigen, anschaulichen Darstellung des Ergriffenseins von den Heilsgeheimnissen, des Aufstiegs eines Menschen zu Gott."[54]

Jeden Tag zelebrierte Br. Josef eine hl. Messe. Zuvor reinigte er durch das Sakrament der Versöhnung sein Gewissen. Die hl. Messen, die er feierte, dauerten in der Regel zwei Stunden, wenn nicht mystische Erlebnisse, besonders an hohen Festtagen, sie bis zu fünf Stunden ausdehnen konnten. Jene Priester, die schnell die Messen lasen, verglich er mit Menschen, die heisse Speisen zu sich nehmen. Er sagte dazu: *„Wenn einer einen heissen Bissen zu sich genommen hat, wirft er ihn mit der Zunge hin und her und schluckt ihn schliesslich, ohne ihn zu kauen."*

54 Holz, a.a.O., S. 51.

Der schwebende Br. Josef auf der Tabernakeltür der Basilika von Osimo.

Ein Freund erzählte über ihn: „Pater Josef sagte einmal zu mir: Wenn er einen Tag verbringen müsste, ohne die hl. Messe zu lesen und das Lämmlein[55] zu empfangen, dann wäre er sehr betrübt gewesen und es käme ihm vor, er könnte nicht leben." Deshalb pflegte er zu sagen: *„Durch das Geheimnis des Allerheiligsten Sakramentes hat uns Gott alle Schätze der göttlichen Allmacht geschenkt und seine grenzenlose Gottesliebe gezeigt."*

Ein Mitbruder von ihm bezeugte: „Die Eucharistie war sein grösster Trost, den er in dieser Welt haben konnte."

Grosser Marienverehrer

Schon als Kind hegte er eine zärtliche Liebe zu Maria, der Gottesmutter. Von ihr wurde er von der langjähren Krankheit geheilt. Er wurde mit dem Öl, das in der Votivlampe der Gottesmutter der Gnaden in Galantone brannte, gesalbt.

Maria war eine ganz wichtige Konstante in seinem Leben. Sein mühsam erreichtes Priestertum schrieb er ihr zu. An seinem ersten Wirkungsort, der Grottella, wurde er nicht müde den Menschen von seiner Mutter zu sprechen. Er nannte sie nur: Meine Mutter, *„Mia Mamma"* oder *„Mamma mia"*. Seine Mamma umfing er mit einer grossen Zärtlichkeit. Im Heiligtum der Mutter der Gnaden weihte er ihr mehrere Male sein Herz.

Jedes Fest der Gottesmutter erwartete er in grosser Freude. Er war erfinderisch in der Verehrung seiner liebsten Mutter. Er feierte die Geheimnisse ihrer Unbefleckten Empfängnis, ihrer Geburt und in besonderer Weise das Fest der Heimsuchung. Das war das Patrozinium der Grottella. Immer wieder betete er Litaneien zu Ehren seiner geliebten himmlischen Mutter. Dabei wurde er nicht müde zu sagen: *„Freu dich, Maria, freu dich, Maria!"*

---

55 Gemeint ist hier Christus, das geschlachtete Lamm.

Br. Josef gerät vor einem Bild der Gottesmutter in Verzückung und beginnt im Beisein des Vizekönigs von Neapel zu schweben (s. Seite 81).

Er konnte nicht eine Stunde sein, ohne die selige Mutter Gottes zu sehen. Er fiel vor ihr nieder. Sah er eine Marienstatue, ein Marienbild, gab er einen Schrei von sich und flog zum Bildnis hin. Seine Dichtungen sind ein Zeugnis, wie Maria ihn tagtäglich begleitete. Er lebte gleichsam in den liebevollen Armen der Muttergottes.

Br. Josef gestand, dass er nur Dank der Gottesmutter Maria zum Priestertum gekommen sei.

Seine grosse Verehrung der Heiligen und Engel

An mehreren Orten wird uns im Leben des hl. Josef von Copertino seine Beziehung zu den Heiligen und Engeln bezeugt.

Als erstes verehrte er den Ordensgründer Franz von Assisi. Ihn liebte und bewunderte er sehr. Als er Ehrenbürger von Assisi wurde, erfüllte ihn das dermassen mit Freude, dass er gleich zur Decke des Rathauses emporflog mit den Worten: *„Nun bin ich ein Mitbürger unseres seraphischen Heiligen."*

Er liebte den hl. Franz wegen seiner Krippenfrömmigkeit. Gerade an Weihnachten kam seine grosse Verehrung des Jesuskindes in der Krippe besonders zum Zuge. Er sang zum Neugeborenen in der Krippe, schrieb ihm Poesien.

Zu der hl. Katharina von Siena pflegte er eine ganz besondere innige Beziehung. Ihre grosse Liebe zur Kirche zeigte sich vor allem darin, dass sie es zustande brachte, dass der Papst aus dem Exil von Avignon nach Rom zurückkehrte. Br. Josef bewunderte auch ihren grossen Einsatz für die schwachen, leidenden und sterbenden Menschen. Der Heilige aus Copertino verehrte seine Landsfrau auch deshalb sehr, weil sie unsichtbar die Stigmata des Herrn trug.

Die grosse Verehrung zum hl. Philipp Neri geht auf das Jahr 1622 zurück, als der Apostel der Jugend heiliggesprochen wurde. Als Br. Josef sich wegen der Inquisition in Rom aufhielt, besuchte er als Pilger die sieben Hauptkirchen Roms. Die Frömmigkeitsform, diese Kirchen aufzusuchen, zählte beim hl. Philipp Neri zu dessen Lieblingsandachten[56]. Den ‚Clown Gottes', wie er auch genannt wird, ernannte sich der Heilige aus Copertino zu seinem speziellen Anwalt und Schutzherrn. Sogar ein Bildnis von ihm hing in seiner Zelle. Br. Josef erwählte ihn auch zu seinem Lehrer im geistlichen Leben.

Zur gleichen Zeit wie Philipp Neri wirkte auch der hl. Felix von Cantalice in Rom. Der Bettelbruder mit dem Beinamen ‚*Deo Gratias*', zählte zu den Vertrauten Josefs. In Pietrarubbia zelebrierte er täglich an seinem Altar. Er war es, der dem Kloster auch die nötigen Kerzen besorgte, die bei den lang andauernden Messen des Heiligen oft ausgingen (vgl. oben S. 95-96).

Br. Josef verehrte auch besonders den hl. Johannes d.T. Dieser hatte den Mut, dem König Herodes die Wahrheit zu sagen, was er mit seinem Martyrium besiegeln musste. Gerade auch da ist er Jesus vorangegangen. Br. Josef bewunderte deshalb das Leben und das Sterben des Vorläufers seines Herrn.

Die hl. Magdalena beeindruckte den Heiligen aus Copertino in besonderer Weise. Ihre starke Liebe, die sie zu Jesus hatte, war leidenschaftlich. Der Heilige verehrte sie auch, weil sie später ein strenges Leben der Busse führte.

Zu seinen franziskanischen Lieblingsheiligen zählte der hl. Antonius von Padua. Ihn nannte er liebevoll ‚*lo spagnoletto*', den kleinen Spanier, der Ausspender vieler Gnaden. Seine Hilfe durfte er in besonderer Weise auf dem Gang zur Inquisition erfahren. Er begleitete Br. Josef dorthin und versicherte ihm, dass die Muttergottes und der hl. Franziskus in besonderer Weise in dieser schweren Situation bei ihm seien.

Br. Josef verehrte auch den grossen Franziskanertheologen Bonaventura. Er war sogar gewürdigt worden, ihn

56 Die sieben Hauptkirchen Roms sind: St. Johann im Lateran, St. Peter, St. Paul, Santa Maria Maggiore, San Lorenzo, Santa Croce di Gerusalemme, San Sebastiano.

mehrere Male in einer Vision zu sehen. Der hl. Bonaventura ermunterte ihn, über die grossen Geheimnisse Gottes nachzudenken. Er erklärte ihm auch schwierige theologische Zusammenhänge.

Nicht zu vergessen ist seine grosse Verehrung zu den hl. Engeln und Schutzengeln. Täglich betete er zu den Neun Engelchören, die der Majestät Gottes zur Seite stehen.

Eine besondere Verehrung pflegte Br. Josef für seinen Schutzengel. Ihn rief er um Hilfe an, mit ihm führte er freundschaftliche Zwiegespräche. Seine Vorliebe zu ihm zeigte sich auch darin: wenn er jeweils in seine Zelle hineinging, verneigte er sich vor dem Schutzengel, den er sah und liess ihn als Ersten in seine Zelle hineingehen. Da der Heilige manchmal hl. Messen von vier bis fünf Stunden feiern konnte, weil er immer wieder von Ekstasen weggerissen wurde, sagte ihm eines Tages sein Schutzengel, dass er jetzt an diesem Tag weniger lang zelebrieren solle. Einer seiner Messdiener musste nämlich während des Tages noch wichtige Dinge erledigen. Gerade auch dieses Beispiel zeigt, dass Br. Josef immer wieder von seinem Schutzengel gelenkt wurde.

Ein Zeuge sagte über ihn: „Er verehrte alle Heiligen des Paradieses. Er spornte seine Mitbrüder an, die Heiligen zu verehren."

Br. Josef – Pilger und Fremdling

Gerade in diesem Bereich ist Br. Josef wirklich ein echter Sohn des hl. Franz von Assisi. Er richtet seine Augen und seinen Verstand ganz auf die himmlische Heimat. Es ist ein Pilgersein in Busse und Gebet, im Exil, das ihm durch das hl. Offizium auferlegt wurde, durch den Weg seiner speziellen Charismen. Josef ist ein authentischer, freier Mensch. Er lässt sich ganz vom Geist Gottes führen, von Ort zu Ort, wo der Gehorsam der Obern ihn hinführt. Einmal war seine einzige

Verherrlichung des Heiligen in der Kirche von Osimo.

Sorge, als er ins Exil musste, ob dort auch das ‚Lämmlein' (er meinte damit seinen Herrn) sei. *„Wird dort Gott sein, wo ihr mich hinbringt?"* *„Also, gehen wir voll Freude. Der Gekreuzigte wird uns helfen!"* Und er brach auf.

Voller Freude

Obwohl er ein recht armes und asketisches Leben führte, war er nie ein trauriger Mensch. Bei allem erfuhr er eine so überschwängliche Freude, dass er ganz und gar ausser sich geraten konnte. Ja die Freude konnte ihn buchstäblich in die Höhe reissen! Hingerissen von der Liebe Gottes! Er lebte als ganz froher und herzlicher Mitbruder. Wenn die Brüder ihn jeweils in seiner Zelle besuchten, baute er sie geistlich auf. Sie durften oft Zeugen seiner Elevationen und Ekstasen sein, in die er vereinzelte Brüder sogar mitriss. Für jeden Bruder fand er ein gutes Wort. Die franziskanische Freude lebte er auch in der Isolation. Er sang und dichtete zur Ehre Gottes und zur Freude der Mitbrüder und Mitmenschen. Seiner Freude Ausdruck gab er im Singen und Dichten schlichter Lieder und Liedverse. Dabei geriet er ins Jubilieren und Tanzen. Da ist er seinem Ordensgründer sehr ähnlich. Franziskus nahm sich ein Holzscheit und spielte damit Geige. Br. Josef schnitzte sich eine Hirtenflöte, um die Melodien seiner Freude zu spielen, so wie sie ihm eingegeben wurden. Die Texte erwachsen aus der konkreten Betrachtung der Heilsgeheimnisse, sicher keine Zeugnisse der Dichtkunst und der Theologie, sondern schlichte Äusserungen eines liebenden Herzens. Zwei Beispiele seien hier angeführt:

Weihnachtslied

Über Wiesen und Felder
gehe ich suchend dem Herrn entgegen
und wandre und wandre Stunde um Stund
und singe und spiele mit Herz und Mund
inmitten froher Hirtenschar:
Es lebe mein Jesus immerdar!

Pfingstlied

Feuer heiliger Liebe, dringe
tief in unsere Herzen ein
und zu reiner Liebe zwinge
sie mit deinem Feuerschein.
erleichterst alle Last,
schenkst Ruh in aller Hast.
Liebe, bleibe meiner Seele Gast![57]

57 L. Holtz, a.a.O., S. 70f.

Klein und einfach, ein Mann der Seligpreisung

Br. Josef war ein einfacher Mensch. Er lebte ganz nach der Seligpreisung ‚Selig sind die Armen im Geist'. Die Kleinen, die am Rand der Gesellschaft sind, die, die keine Stimme und kein Recht haben, auch die, die Heil nur in Gott finden, die auf seine Wiederkunft warten. Es sind die Kleinen und Einfachen, denen die wahre Weisheit geoffenbart wird. Br. Josef ist ganz ein solcher Mensch.

Er ist auch ein Mensch ganz reinen Herzens. Er bildet sich nichts von seiner Heiligkeit ein, ganz im Gegenteil. Er weiss sich als Sünder. Er ist nicht einer, der durch sein Wissen aufgeblasen ist. Überhaupt nicht, er gibt den andern von all dem, was er geistig und materiell besitzt. Er überhebt sich über niemanden.

Br. Josef ist ganz ein Mann der Seligpreisungen Jesu, ein durch und durch evangelischer Mann.

Geistesgaben

▸ Ekstase[58]

Seine Uninteressiertheit in gewissen Situationen, ja seine eigenartige Unfähigkeit und Verschlossenheit für die praktischen Dinge des Alltags, die besonders in den jungen Jahren zu beobachten sind, erwiesen sich immer mehr als Voraus-

58 Der Ausdruck ‚Ekstase', griechisch ‚ekstasis', bezeichnet ein Heraustreten aus dem gewöhnlichen Zustand, ein Ausser-sich-Sein oder ein Nicht-bei-sich-Sein, ein über sich selbst Herauswachsen oder Eintreten in eine höhere Bewusstseinsebene bis hin zur Erfahrung des Eins-seins mit Gott (‚unio mystica'). Das in der Ekstase Erlebte wird für den Betroffenen bedeutender und wertvoller als die Alltagswelt. Das Wort ‚Ekstase' wird in der deutschen Sprache mit ‚Verzückung' übersetzt. Zur Vertiefung: Siehe Wolfgang Gottfried Buchmüller, Ruhen im Geist, Jestetten 2012.

setzung übernatürlicher Vorkommnisse, seine merkwürdige Zerstreutheit war so etwas wie die Aussenseite seiner Versunkenheit ins Göttliche, ins Mysterium.

Manchmal wurde er seiner Sinne beraubt, das erste Mal beim Klang der Orgel (vgl. S. 26), was ihm den Schimpfnamen ‚Bocca aperta' einbrachte, manchmal fand man ihn in seiner Klosterzelle, in einsamen Winkeln oder in einer Kapelle seiner Sinne beraubt. Bei der geistlichen Lesung beim Anhören gewisser Passagen gab er einen Schrei von sich und geriet ausser sich.

‣ Entrückung[59]

Von der Elevation vom 4. Oktober 1630 an vollzog sich an Br. Josef eine unaufhaltsame Veränderung, die von Innen her kam. Es genügte ein Aussprechen des Namens ‚Jesu' oder ‚Maria', dass er gleich in Verzückung geriet und abhob, oder zu Boden fiel (Ruhen im Geist). Erst als der Obere ihn ihm Gehorsam zurückrief, erhob er sich, so als würde ihn die Ekstase erst jetzt freigeben. Das Schweben während dem Zelebrieren der Messe war ein tägliches Ereignis. Immer war er mehrere Zentimeter vom Boden abgehoben.

Leonhard Holtz äussert über Br. Josef folgende wichtige Bemerkung: „Er kennt nicht einmal die Ausdrücke ‚Ekstase' oder ‚Elevation', hat keine Ahnung von den Schriften der grossen Mystiker der Kirche. Über das Kommen und Gehen seiner Entrückungen hat er nicht die geringste Macht, kann sie weder herbeiführen noch verhindern. Zuweilen hört man vor dem Eintreten der Ekstase einen Schrei oder ein lautes Seufzen, als entweiche der Atem seinem Mund. Manchmal beginnt er mit einer tanzenden Gebärde und einem vogel-

---

59 W. Nigg nennt das Leben von Br. Josef von Copertino ‚eine Kette von Ek-stasen', Niederfallen (Ruhen im Geist), Schweben am Boden (Levitation), Empor gerissen werden (Elevationen), zielgerichtetes Fliegen (Körperflug).

artigen Schrei, er erhebt sich, schwebt durch den Raum, zum Beispiel in der Mitte der Kirche bis zur Kanzel oder zum Hochaltar, verharrt dort eine Viertelstunde lang schwebend mit ausgestreckten Armen oder in kniender Haltung und gleitet wieder sanft zu Boden.

Er macht keines Wesens daraus, es ist ihm wie eine grosse Last – oder wie ein Schlaf. Niemandem erzählt er, was er schaut. Alles spielt sich in der geheimnisvollen Beziehung zwischen Gott und ihm ab. Wahrscheinlich erfährt er in diesen Entrückungen ganzheitlich die geheimnisvolle ‚unio mystica', eine Vereinigung mit Gott, wie sie dem Menschen in dieser Welt sonst nicht zugänglich ist."[60]

Nicht immer liegt er während der Ekstase starr da. „Es kam auch vor, dass er seltsam zu singen oder zu tanzen begann. Eine Beschwingtheit ergriff den Ungeschickten, eine übermächtige Freude erfüllte ihn, und er fing an zu hüpfen oder machte mit den Knien tanzende Gebärden. Man hat seine merkwürdigen Bewegungen mehrfach beobachtet."[61] Ein richtiggehender Gebetstanz.

Wenn sich jemand über diese seltsamen Begebenheiten wunderte, pflegte Br. Josef zu sagen: *„Jene, die Gott lieben sind wie Betrunkene, die aus sich heraustreten und dabei singen oder Ähnliches tun."*

Die ekstatischen Zustände wurden etwas Dauerhaftes im Leben des Heiligen aus Apulien. Dies geschah während der hl. Messe und auch ausserhalb derselben. Mit den Jahren nahmen sie noch zu. „Er liebte und suchte die Ausbrüche der Gnade nicht, die ihn der Neugierde anderer aussetzten und er entschuldigte sich gerne, indem er sagte: er sei krank oder müde und schlafbedürftig. Oft und inständig bat er Gott, ihn davon zu befreien, aber er wurde in diesen Bitten nicht erhört. Diese geheimnisvolle Gewalt konnte über ihn kom-

60 L. Holtz, a.a.O., S. 26.

61 W. Nigg, a.a.O., S. 373.

Reliquienschrein des Heiligen in Osimo.

Schüler besuchen das Grab.

men, wenn er irgendwo sass, oder mitten einem Gespräch, oder sie liess ihn dastehen mit gefalteten Händen. Meistens warf es ihn auf die Knie; dann gab er einen lauten Schrei von sich und blieb mit ausgebreiteten Händen in dieser Haltung. Es genügte manchmal die Anrufung einer Litanei, eine packende Stelle aus einem Buch, ein Lied, der Gedanke an eine Glaubenswahrheit, dass er hingerissen wurde. Als er einmal eine Betrachtung über das Grab Jesu hörte, fiel er wie tot auf den Boden und lag ausgestreckt da."[62]

„Was berichtet werden kann, sind nur äussere Wahrnehmungen, der innere Vorgang bleibt aller Erfahrung entzogen und lässt alle Vorstellungen weit hinter sich, jede Ausschmückung würde ihm abträglich sein."[63] Dazu würden auch psychologische oder gar parapsychologische Erklärungsversuche nichts bringen.

▸ Herzensschau und Hellsehen

Br. Josef konnte auch in den Herzen der Menschen lesen und durchschaute seine Gesprächspartner. Es ist so etwas wie ein ‚sechster Sinn', durch den der Heilige geheime Gedanken, ja sogar verborgene Sünden klar erkennen konnte. Wie P. Pio von Pietrelcina konnte er Pönitenten ins Gesicht sagen, ob ihre Beichte gut war oder nicht.

„Viele beginnen ihn wegen ihres sündhaften Lebenswandels zu fürchten und wagen sich nicht in seine Nähe. Wer ihm begegnete, musste ja damit rechnen, dass er ihn bis auf den Grund seines Herzens durchschaute und vielleicht sogar ‚aufdeckte'. Pater Josef kündet ohne Ansehen der Person Strafen an, die bei Unbussfertigkeit auch eintreten, und spart nicht mit Vorhaltungen, ehe er für jemanden betet."[64]

---

62 G. Parisciani, a.a.O., S. 48.

63 W. Nigg, a.a.O., S. 376.

64 L. Holtz, a.a.O., S. 34.

Br. Josef konnte auch Dinge, Ereignisse und Personen in der Ferne oder in naher Zukunft voraussehen. Br. Josef war Visionär. Eines Morgens ging er zur Kirche um wie üblich die Messe zu lesen. Hier hatte er eine Vision. Er verkündete danach den Gläubigen, dass in der Nacht der Papst gestorben sei. Das war bei Papst Urban VIII. († 29.07.1644) und bei Papst Innozenz X. († 07.01.1655) so.

▸ Gabe der Heilung

Die einzelnen Heilungen aufzuzählen würde zu weit führen. Zu Lebzeiten des Heiligen gehen sie wohl in die Hunderte.

Da war ein Kind gelähmt. Br. Josef liess es sein Kruzifix küssen, die Kleine konnte von dem Augenblick an gehen und war gesund.

Viele Leidende kamen zu ihm ins Kloster der Grottella. Sie zeigten dem Wundertäter ihre Wunden. Er wusch sie, danach schickte er sie zum Alter des hl. Franziskus in der Klosterkirche, vor dessen Bildnis eine Öllampe brannte. Mit diesem Öl sollten sich seine Patienten salben. Sie wurden geheilt. Immer wieder versicherte Br. Josef, dass der hl. Franziskus das Wunder bewirkt habe.

Etwas von ihm zu bekommen, ein Stücklein Stoff seiner Kutte oder mindestens einen Faden davon, betrachteten viele als ein Allheilmittel.

Es gibt deshalb verschiedene Beispiele, wo Menschen nur durch das Berühren seiner Kordel, des Hutes, den er getragen hatte usw., geheilt wurden.

Mit grossem Eifer besuchte er immer wieder die Kranken. Er tröstete sie und viele wurden von ihm auf irgendeine Weise geheilt.

So wird von einer Frau berichtet, die wegen voranschreitender Krankheit bereits die Krankensalbung empfangen hatte. Ihre Mutter rief Br. Josef von der Grottella und bat, ihrer Tochter die Hände aufzulegen. Der Heilige tat es und sagte scherzhaft: *„Es ist nichts, es ist nichts! Morgen wirst du wieder* *aufstehen."* Schon beim Auflegen seiner Hände fühlte sich die Kranke besser. Anderntags war sie völlig gesund.

Es wird auch von Fernheilungen erzählt. Als der Heilige in Assisi war, schrie das Mädchen Domenica Cenneo, das bei der Mutter des Heiligen aufwuchs, vor Schmerz wegen einem Stich. Auf einmal sah sie Br. Josef auf sich zukommen, er berührte ihre Stichwunde und diese heilte sogleich.

Seeleute wurden aus Seenot gerettet, weil sie seinen Namen ausriefen, während er in Assisi in seiner Zelle für sie betete.

Ein Neffe des Bischofs von Perugia wurde von einer schweren Lähmung befreit. Es war nach der Stunde, als Br. Josef für ihn betete.

Der Heilungen sind viele, in Copertino, in Assisi, an den Orten seiner Verbannung und in Osimo, wenn wir sie alle aufzuzählen würden, würden wir nicht zu Ende kommen.

Interessant sind auch die Heilungen mit dem sog. Franziskussegen zu erwähnen. Br. Franziskus hatte nach dem Empfang seiner Wundmale Br. Leo, seinem Sekretär einen eigenhändig geschriebenen Segen geschenkt. Noch heute wird dieser Autograph des hl. Franziskus in der Reliquienkapelle von San Francesco in Assisi aufbewahrt. Der Wortlaut ist folgender: *„Benedicat tibi Dominus et custodiat te: Ostendat faciem suam tibi et misereatur tui; convertat vultum suum ad te ed det tibi pacem. Dominus te benedicat..."*[65]

Br. Josef schrieb diesen Segen in lateinischer Sprache auf ein Papier, so wie es Franziskus geschrieben hatte und schenkte es den Leuten. Nicht wenige von ihnen wurden geheilt. Solche Blätter wanderten von Hand zu Hand, wurden abgeschrieben und machten seinen Ruf in ganz Europa be-

65 Die Übersetzung des Segens des hl. Franziskus an Br. Leo lautet: „Der Herr segne und behüte dich. Er zeige dir sein Angesicht und erbarme sich deiner. Er wende dir sein Antlitz zu und schenke dir den Frieden. Der Herr segne dich, Bruder Leo." (vgl. Num 6, 24-27b), vgl. L. Lehmann, Das Erbe eines Armen: Franziskusschriften, Butzon und Bercker, Kevelaer 2001.

kannt. Es darf uns deshalb nicht wundern, dass ein blinder Mann in Polen mit diesem Segen das Augenlicht wiedererlangte.

Während einer Ekstase heilte er sogar einen geisteskranken Ritter. Diesen packte er an den Haaren und hob ihn eine gute Spanne hoch.

Verschiedenste Heilungen sind uns auch nach dem Tod überliefert.

▸ Gabe der Prophetie

Br. Josef erlebte 1647 die blutige Revolution in Neapel mit, als wäre er selbst inmitten dieser Revolution. Aus der Ferne rettete er Menschen, die ihn bei seinem Namen riefen.

Immer wieder kündigte er die Heilung eines Kranken an. Er sagte dabei: *„Sag ihm, er soll Vertrauen haben, er wird gesund."* Dies traf jedes Mal so ein.

Bruder Josef konnte Geburt und Tod von Menschen voraussagen. Er stärkte und tröstete Leute vor einem schweren Leid, das er auf sie zukommen sah. Zwei Priestern prophezeite er, dass sie Bischöfe würden. Kardinal Odelscalchi sagte er voraus, dass er Papst werden würde. Dieser ging als Papst Innozenz XI. aus dem Konklave hervor und wurde später seliggesprochen. Dem Erzbischof von Bologna, Nicolò Arbergati Ludovisi sagte er seine Erhebung in den Kardinalsstand voraus.

▸ Gabe der Erkenntnis und Weisheit

Es gibt mehrere Zeugnisse, dass Br. Josef Menschen vor schwerer Schuld bewahren konnte. Er konnte auch den Seelenzustand Einzelner aufdecken, so dass sie einsichtig wurden. Sünden der Unzucht empfand er als unerträglichen Gestank und die Menschen abstossend. Er sagte ihnen: *„Habt ihr mit Tinte gearbeitet und euer Gesicht damit besudelt. Geht und wascht euch!"*

Gelehrte und Theologen konnten bezeugen, mit welcher Klarheit und Tiefe der Heilige aus Apulien über die Glaubensgeheimnisse sprechen konnte. Aus seinem mangelhaften Studium konnte es nicht kommen. Es war eine von Gott eingegossene Gabe. Ein Mitbruder von ihm, P. Bonaventura Clavero, der Rektor der Universität in Potenza war, sagte über ihn: „Seine Worte waren wie von einem übernatürlichen Licht beleuchtet und wie von oben her eingegeben."

Kardinal Fachinetti legte ein ähnliches Zeugnis über ihn ab: „Wenn er von Gott sprach verband er seine eigenen Erfahrungen mit den Ergebnis der Wissenschaft, entzückte durch seine Einfachheit das Herz und erfüllte mit seiner Lehre den Geist. Ich hörte ihn über das Thema Natur und Gnade wunderbar sprechen und mit herrlichen Ausdrücken das göttliche Wirken der Gnade und die Freiheit des Menschen darlegen."

Ein letztes Zeugnis dieser Art finden wir bei P. Lorenzo di Lauria, Lektor an der Sapienza in Rom. Er sagt u.a.: „Wenn P. Josef auch unwissend war und wenig studiert hatte und bloss das gewöhnliche Latein verstand, so beantwortete er doch schwierige Fragen, die einige von uns an ihn stellten, klar und tiefsinnig."

Sein Kampf mit dem Leibhaftigen

Gerade bei vielen Heiligen kann man feststellen, dass der Böse ihnen nachstellt. Er versucht offensichtlich, die guten und frommen Menschen vom Gebet abzuhalten und sie an ihrem Streben nach Vollkommenheit zu hindern. Wir können das z. B. beim Pfarrer von Ars, bei P. Pio und vielen anderen feststellen. Da wird dem einen das Bett verbrannt, der andere zu Boden geworfen. Der Böse versucht mit allen Mitteln, ihr Wirken für das Reich Gottes zu unterbinden.

Immer wieder wurde der Heilige aus Apulien vom Bösen zum Teil sehr massiv angegriffen. Er tat es in der Gestalt eines wilden Hundes, der ihn würgte, ihm ins Ohr schrie, wie das Kinder tun, um ihre Gefährten zu erschrecken. Er verabreichte ihm Fausthiebe und Fusstritte. Der Böse, ‚*Malatasca*', ‚Drecksack' nannte ihn Josef, schlug ihn, schleifte ihn am Boden, ja riss ihm sogar die Kleider vom Leib. Vor der Türe hörte er schreckliche Schläge, Mark und Bein durchdringendes Hundegebell. Davon war auch sein Betreuer, Br. Lodovico, Zeuge, als er ihm zu Hilfe eilte, wenn der Teufel ihm arg zusetzte. Eines Tages hielt sich Br. Josef in der Kapelle zum Gebet auf. Plötzlich hörte er starke Schritte mit genagelten Holzschuhen, die immer näher und näher kamen. Es erschien ein äusserst hässlicher Bauer, der ihn fragte, was er denn hier tue. Er packte ihn mit seinen Händen und erwürgte ihn beinahe. Danach liess er ihn halbtot liegen und die Brüder brachten ihn in seine Zelle zurück. *„Der Dämon kann nicht mehr tun, als Gott erlaubt"*, pflegte der Heilige zu sagen. Der Teufel brannte auch seine Kutte an und drohte ihm, dass er sich bei ihm und seinen Obern rächen würde.

Eine Besessene musste eines Tages einem Mitbruder über P. Josef Folgendes sagen: „Wenn du wüsstest, wie die Tugenden dieser reinen Seele Gott wohlgefällig sind, du würdest staunen. Ich muss es dir sagen, Gott zwingt mich dazu. Was denkst du, woher kommt dieser Wohlgeruch in seiner Zelle? Er kommt von seiner jungfräulichen Keuschheit. Schau diesen da unten. Sie zeigte auf eine alte Statue des hl. Antonius, zwischen ihm und P. Josef gibt es keinen Unterschied, ausser er ist heiliggesprochen, und jener wird es vielleicht eines Tages. Dieser Bruder (gemeint der hl. Josef v. C.) ist der grösste Feind, den wir haben. Ich hätte es dir nicht gesagt, wenn Gott mich nicht dazu gezwungen hätte."[66]

66 Parisciani, S. 505.

Diese z.T. massiven Anfechtungen zeigen uns unmissverständlich, dass es die Realität des Bösen gibt, der es vor allem auf die Heiligen abgesehen hat.

Zu guter Letzt: Der Duft, den Bruder Josef verbreitete

Immer wieder wurde in seiner Nähe ein wunderbarer Duft wahrgenommen. Dies war vor allem in der Zeit nach 1646, als der Heilige in die Isolation kam. Wenn z. B. die Zellentüre offen war, konnte sich dieser wundersame Duft im halben Kloster verbreiten. Nach dem Duft zu bestimmen, konnte festgestellt werden, wo Br. Josef sich aufhielt. Es war ähnlich einem Veilchenduft. Der gleiche Duft wurde angeblich auch am Grab des hl. Antonius von Padua wahrgenommen. Ein solcher Wohlgeruch verströmte das Brevier der hl. Klara, das in der Reliquienkapelle in S. Chiara, Assisi, aufbewahrt ist. Dieser Duft wurde von den Zeugen als ein himmlischer, nicht irdischer empfunden. Paradiesduft, Duft der Heiligkeit. Oft folgten die Brüder diesem wohltuenden Geruch von Br. Josef.

Wohin Br. Josef kam, hielt sich dieser wundersame Duft durch mehrere Tage und Wochen. Seine Kleidungsstücke bewahrten jenen lieblichen Geruch sogar bis zu zwanzig und mehr Jahre.

Der Heilige nahm das am Anfang gar nicht wahr, deshalb sträubte er sich dagegen und meinte, es käme von den Blumen des Oratoriums oder von seinem wohlriechenden Tabak.

Der Duft, der von ihm ausging, war nichts anderes als ein Ausdruck seiner tugendhaften Reinheit.

Elavation des hl. Josef von Copertino beim Anblick der Basilika von Loreto am 9. Juli 1657. Gemälde von Ludovico Mazzanti (1686–1775) in der Sakristei der Josefsbasilika von Osimo.

Anhang

Patron der Schüler und Studenten

Br. Josef war nicht ein Mann der grossen Kultur, kein Gebildeter. Er war ein einfacher Mensch mit einer normalen Intelligenz. Als Kind hatte er nur mit grosser Mühe die Schule besucht, dennoch gab er die Hoffnung nicht auf, einen guten Abschluss zu erreichen.

Gerade weil er selber viele Mühen in seinem Leben durchleiden musste, hatte er eine besondere Einfühlungsgabe für die Kleinen, Einfachen und Ungebildeten. Mit Hilfe des Himmels konnte er grosse Schwierigkeiten überwinden. So bestand er sogar die theologischen Examen. Das intensive Studium und das einfache, aber beharrliche Gebet halfen ihm, das Ziel zu erreichen. Als Priester erhielt er von Gott verschiedene Begabungen, mit denen er Menschen in den verschiedensten Situationen helfen, ihnen gute Ratschläge erteilen und immer wieder Hoffnung und Mut schenken konnte. Einfache Personen, aber auch studierte Theologen erfuhren seine ihm von Gott eingegebene Tiefe und Weisheit.

Nach seinem Tod begann man, ihn als Heiligen zu verehren, zuerst als den ‚*Santo dei voli*', den ‚Heiligen der Flüge', der Ekstasen und als Märtyrer des Gehorsams, erst nach etwa 200 Jahren begannen Schüler und Studenten ihn als ihren Heiligen zu entdecken. Es waren vor allem jene, die sich in Examensschwierigkeiten befanden. Am Ende des 18. Jahrhunderts, so wird uns überliefert, begannen Universitätsstudenten, sich in der Kirche zu versammeln, um für gute Examen zu beten. Sie fanden in diesem einfachen Heiligen Hilfe und Stärkung. Eine Gruppe von Studenten versammelte sich in S. Lorenzo Maggiore in Neapel, wo der Heilige sich der Befragung durch die Inquisition zu stellen hatte. Der Anfang

Schreibtisch des Heiligen in seiner Zelle in Osimo.

seiner Verehrung ist vor allem in der franziskanischen Familie in Italien zu suchen. Nach und nach gelangte dieser Brauch auch nach Frankreich, wo ein Priester aus Paris 1897 die Verehrung des Heiligen durch eine niedergeschriebene Novene verbreitete. Dieses Gebet wurde dann ins Italienische übersetzt und auch in diesem Sprachraum weiter verbreitet. Im Laufe der Jahre pflegten die Kapuziner in Paris eine besondere Verehrung des Heiligen. Einer von ihnen verfasste 1946 eine Biographie mit dem Titel ‚Patron der Examinanden'.

Die Brüder von Osimo verbreiteten die Novene und die Gebete, die an den Heiligen der Studenten gerichtet waren. Von Italien und Frankreich aus gelangte dann die Verehrung nach ganz Europa und sogar bis nach Japan, Amerika und Afrika.

Das Grab des Heiligen ist heute noch Ziel vieler Studenten, seien sie an Universitäten, höheren Schulen oder Primarschulen.

Die Franziskaner-Konventualen von Osimo bemühen sich bis heute, seine Verehrung zu fördern.

Verehrung durch Flieger und Piloten

Der Heilige der mystischen Flüge kann sich rühmen, ca. 70 Flüge vollzogen zu haben. So berichten uns die Prozessakten zur Heiligsprechung vom 16. Juli 1767. Papst Klemens XIII. sagt in seiner Bulle, dass in diesem Bereich kein Heiliger mit Josef aus Copertino verglichen werden kann. Aus diesem Grund wird der Heilige ‚Freund der Flieger' genannt.

Es gibt allerdings keine Berichte, auf welche Zeit diese Verehrung zurückgeht. Es scheint, dass italienische Flieger die ersten waren, die bereits vor dem 1. Weltkrieg ihn als ihren Patron verehrten. Blaise Cendrars, ein Französischer Schriftsteller und Vater eines Kampfpiloten des 2. Weltkrieges, berichtet in seinem Buch *‚Le dottisement du ciel'*, dass auch die amerikanischen Flieger den hl. Josef als ihren Patron betrachteten. Sie prägten sogar eigene Medaillen ihres Patrons.

Weiter gibt es ein Dekret des ehemaligen Militärbischofs von Argentinien, Bischof Norbert E. Martina (1930-2001), der den Heiligen aus Copertino offiziell zum Patron der Militärluftwaffe Argentiniens erklärte.

Die italienische Luftwaffe ‚begleitete' bis anhin schon mehrere Male die Prozession zu Ehren des hl. Josef von Copertino an seinem Festtag, dem 18. September, am Himmel von Copertino.

Als offizielle Patronin der Flieger wurde von der Kirche die Mutter Gottes von Loreto erklärt.

Zeittafel

1603	Josef Maria Desa wurde am 17. Juni in Copertino geboren und gleichentags getauft
Ab 1611	schwere Erkrankung, die sechs Jahre dauerte. Behinderung in der Kindheit
1617	Wundersame Heilung durch die Gottesmutter in Galantone
1617	Kurze und erfolglose Lehrzeit, Suche nach einem Orden
1620-1628	Vorerst Eintritt bei den Kapuzinern. Während dem Noviziat entlassen. Danach Versuch bei den Konventualen, zuerst Tertiar: Stallknecht, danach Novize und Kleriker
1625-28	Studium der Theologie im Kloster Grottella, Copertino
1628, 18. März	Priesterweihe in Poggiardo, Dienste im Kloster Grottella, Copertino, Beginn der Ekstasen, div. Heilungswunder
1630	Beginn der Levitationen, wachsendes Aufsehen bei den Brüdern und der Bevölkerung, 4. Oktober: ‚erster Flug'
1636	‚Verhängnisvoller Flug in Giovinazzo': Anklage bei der Inquisition in Neapel. Untersuchung beim kirchlichen Gericht in Neapel und Rom
1636, April	Gerichtlicher Entscheid: Versetzung nach Assisi in den Sacro Convento
1636-1653	Abgeschiedenheit in Assisi. Erfahrungen der verschiedensten Geistesgaben, Heilungen, Levitationen und Elevationen. Wachsender Andrang verschiedenster Leute aus Kirche und Welt

1644, 4. Aug.	Zum Ehrenbürger von Assisi ernannt
1653, 23. Juli	Erneutes Eingreifen der Inquisition. Verbannung und Klosterhaft in den Kapuzinerklöstern Pietrarubbia und Fossombrone
1657, 9. Juli	geheime Überführung ins Konventualen-Klos-ter nach Osimo
1663	Wechselfieber, 15. August seine letzte hl. Messe, 18. September sein Heimgang.
	Sammlung des Materials durch seinen Biographen P. Roberto Nuti OFMConv.
1678	Veröffentlichung des gesammelten Materials über Josef von Copertino
1688	Eröffnung des Diözesanen Informationsprozesses, danach der Apostolische Informationsprozess
1753, 24. Febr.	Seligsprechung. Veröffentlichung der Lebensbeschreibung im Auftrag des Papstes durch P. Angelo Pastrovichi OFMConv.
1767, 16. Juli	Heiligsprechung. Der Festtag ist auf den 18. September festgelegt
1953, 7. April	Überführung des Herzens des Heiligen in seine Heimat Copertino
1963	Die sterblichen Überreste werden in die neu erbaute Krypta in der Klosterkirche Osimo verlegt. Sie können in einem Glassarg verehrt werden.

Windfahne mit Josef von Copertino auf dem Kirchturm von Osimo.

Kleine Weisheiten des Br. Josef von Copertino

Ohne Wurzeln

Die Menschen, die glauben, sind wie grosse Bäume. Auch wenn du sie zurückschneidest, spriessen sie immer wieder. Das Gegenteil zeigt sich bei dem, der keinen Glauben hat. Er ist wie ein Baum ohne Wurzeln oder eine schwächliche Pflanze, sie wird schon vom kleinen Windhauch umgeknickt.

Blumen des Frühlings

Im Winter sind die Bäume ohne Blätter und Früchte. Beim Diener Gottes ist es ähnlich. Auch er kann manchmal ohne Blüten und Früchte der Gnade sein. Wenn aber der Frühling der göttlichen Gnade über ihn kommt, beginnen die Tugenden zu blühen.

Wein und Wasser

Die Liebe zu weltlichen Dingen, zu Ehren, zur Grösse und zur Würde, ist zur zweiten Natur des Menschen geworden. Es ist, wie wenn man Wasser und Wein mischt. Es braucht da ein grosses Wunder, diese zwei wieder zu trennen.

Höhenflug

Betrachte die Vögel, wie sie sumpfigen Boden meiden und sich noch mehr davor in Acht nehmen, in Schlamm zu baden. Ähnlich sollen die Menschen sich nicht mit Dingen einlassen, durch die sie sich beschmutzen, sondern sich im Geiste emporschwingen und den Allerhöchsten mit heiligen Werken verherrlichen.

Wellen des Meeres

Die Dinge der Welt sind dem Schein nach grösser als nach der Gestalt. Sie gleichen den Wellen des Meeres. Sie sind hoch wie die Berge, aber danach kehren sie ins Nichts zurück.

Holz auf dem Feuer

Wenn man grünes Holz zum Feuern braucht, muss man, bevor man es anzündet, blasen und Tränen wegen dem Rauch vergiessen. So ist es für den, der von Gott Gnaden erbittet: bitten, weinen, durchhalten, weil Gott nicht alle Dinge gleichzeitig gibt.

Licht und Wärme (Dreifaltigkeit)

Wie das Feuer einzig ist, Wärme und Licht gibt, so ist die göttliche Natur des Vaters. Sie schafft das Licht der Weisheit, die der Sohn Gottes ist, vereint es mit der Wärme seiner Liebe, die der Heilige Geist ist.

Blätter an der Sonne (Gnade Gottes)

Die Gnade Gottes ist wie die Sonne. Sie strahlt, färbt und vergoldet die Blätter, aber sie beschmutzt sie nicht. Sie verändert sie nicht, sie lässt sie in ihrem Sein. So ist die Gnade, sie erleuchtet den Menschen, vergoldet ihn, macht ihn schön lieblich, aber sie ändert die Natur nicht, sondern macht ihn nur vollkommener.

Ein Windhauch

Wenn der Wind weht, öffnet sich die Tür, schlägt es das Fenster zu und umgekehrt. So geschieht es in der Seele: wer die Augen der Liebe Gottes öffnet, verschliesst die der Sinne und umgekehrt.

Reines Wasser

Wenn jemand Gott zu dienen beginnt, weiss er von der Erde her, dass sie viele Mängel hat. Danach behebt er mit Fleiss und Gnade die Mängel, dann kann er den anderen gutes Wasser geben.

Sonne (Dreifaltigkeit)

Die Sonne hat drei Dinge: die Gestalt, die Strahlen und die Wärme. Der Vater ist wie die Gestalt der Sonne. Der Sohn ist wie die Strahlen, die von der Sonne ausgehen. Der Hl. Geist wie die Wärme, die der Gestalt und den Strahlen vorangeht.

Nach der Sonne

Wer in die Sonne geschaut hat, sieht nichts mehr. Wer seinen Blick auf die Sonne geheftet hat, dem erscheint alles dunkel.

Wasser zwischen den Händen

Man kann das Wasser zwischen den Händen nicht aufhalten. So sind die Dinge der Welt. Wer umarmt, kann nichts festhalten.

Weisse Krähen

Einige bekehren sich nur aus Angst. Sie sind wie die Krähen, die weiss werden, wenn es schneit. Danach aber schütteln sie die Flügel und bleiben schwarz wie vorher.

Spinngewebe

Der Mensch der Welt ist wie ein Schiff auf dem Meer. Es ist in immerwährender Bewegung. Die Menschen machen Geschäfte, als blieben sie immer auf dieser Welt. Sie machen Spinngewebe.

Das Messer

Ich würde gerne für den Glauben sterben, aber weil es mir nicht gewährt wird, möchte ich mich im Verleugnen des Willens üben, denn das ist wirklich ein Sterben. Der Gehorsam ist wie ein Messer, das den Willen des Menschen Gott opfert. Es ist das Schwert, das Jesus Christus bis zum Tode gehorsam machte.

Wagen für das Paradies

Ich möchte lieber sterben, als den Gehorsam nicht tun. Lieber sterben als nicht gehorchen. Der Gehorsam ist der Wagen, der ins Paradies führt. Durch den Gehorsam trittst du in einen brennenden Ofen und ich glaube, durch diesen (den Gehorsam) kommst du unversehrt heraus.

Die Kerze

Eine Kerze, die vorher ausgelöscht wurde, wird schnell wieder angezündet. So ergeht es dem Sünder, der versagt hat, aber es gleich bereut.

Küchenlappen

Ich bin ein Küchenlappen, der die Teller reinigt. Es kommen die Obern und loben mich. Siehe, saubere Teller. Es kommen Prälaten und Kardinäle, um mich zu loben und ich ergänze erneut: Hier sind saubere Teller. Man hat Respekt vor dem Hund, aus Liebe zum Patron.

Mit dem gleichen Geld

Gott will mit dem gleichen Geld bezahlt werden, das er für uns ausgegeben hat: Leiden, Mühen und Tod. Das kommt, wenn man gerne leidet und Gottes Liebe dafür dankt.

Auf der Erde

Wer auf der Erde steht, sieht das kleine Kreuz auf dem Turm. Wer oben steht, sieht die Dinge sehr klein auf der Erde. So ist der weltliche Mensch. Er versteht die himmlischen Dinge nicht. Wer im Paradies ist, erkennt den geringen Wert der Dinge in der Welt unten.

Die Trompete

Du bist der Geist und ich die Trompete, aber ohne deinen Atem dröhnt es nur.

Vom Wächter

Gott hat dem Menschen die Ehre und die Scham gegeben. Sie sollen als Wächter dienen, um nicht zu sündigen.

Geschäft

Der Vater und der Sohn sind wie zwei Personen, die Geschäfte machen. Sie fällen eine Entscheidung, die beiden zugute kommt. So geschieht es bei den göttlichen Personen. Der Vater und der Sohn haben die gleichen Gedanken und das gleiche Wollen. Dieses Vorgehen ist der Hl. Geist, der als Liebe des Vaters und des Sohnes wirkt.

Die Sinne

Man muss sich der Augen bedienen, um die Grösse Gottes kennenzulernen, der Ohren, um die göttlichen Lobpreisungen zu hören, der Nase, um die schmackhaften Dinge zu riechen und Gott zu loben, des Mundes, um die göttlichen Lobpreisungen zu sprechen, um die Unwissenden zu lehren und bekömmliche Speisen zu sich zu nehmen, der Hände, um dem Herrn in der Arbeit zu dienen und nicht den Nächsten zu verurteilen.

Eischale

Die Welt ist wie ein Ei: man sieht sie nur von aussen, man weiss nicht, ob es gut zu essen ist. Schön und gut erscheinen die Dinge der Welt, aber wenn man sie mit der Hand berührt, ist alles voll Eitelkeit, Schlechtigkeit und Qualen.

Mit der Brille

Die Menschen sagen, welche schönen Dinge die Natur macht. Sie erheben nicht den Verstand, um Gottes Natur zu betrachten. Es ist wie eine Brille aufsetzen, um die Brille zu sehen und nicht die Dinge in der Weite.

Auf dem Turm

Wer Gott mit dem Herzen dient, ist wie einer, der auf einem hohen Turm steht. Die Menschen und die Bäume erscheinen ihm sehr klein. Aber wenn er zu tief hinunter schaut, kann es ihm schwindlig werden.

Wenn er dagegen hinauf schaut, erfreut er sich der Lieblichkeit des Himmels. So geschieht es dem, der Gott mit Eifer dient: je mehr das Licht wächst, desto mehr vermindert sich die Liebe zur Welt und vermehrt sich der Wunsch nach den himmlischen Dingen.

Weitere Weisheiten des Heiligen

In dieser Welt müssen wir uns wenig kümmern, ob Gutes oder Schlechtes über uns gesagt wird. Wenn schlecht geredet wird, bringt es wenig. Wenn sie gut sprechen, das Gute ist von Gott.

Nicht murren, aber denke gut von deinem Nächsten. Sei grosszügig ihm gegenüber, wenn du willst, dass Gott dir hilft.

Geh nicht den Müssiggang! Das ist das Schädlichste für deine Seele!

Der Glaube und die Demut sind das wichtigste Fundament aller anderen Tugenden.

Sei demütig und vertraue Gott! In den Herzen der Demütigen wohnt Gott!

Die Widerwärtigkeiten und die Drangsale in diesem Leben sind die wichtigsten Gnaden.

Heilig wird man auf der Welt und nicht im Paradies; deswegen muss man sich bemühen, leiden, sich da unten durchschlagen, um die Auszeichnung für den Himmel zu bekommen.

Man kann nicht zwei Paradiese haben, sich in dieser Welt erfreuen und in der anderen Welt erfreuen. Deshalb leidest du. Hab Geduld!

Wer Glauben hat, ist Herrscher der Welt, weil er den besitzt, der wahrhaftig der Herr der Welt ist.

Wer in sich das Feuer der Liebe Gottes haben will, muss den Rauch der weltlichen Dinge vertreiben.

Literaturverzeichnis

Walter Nigg, Grosse Heilige, Der einfältige Charismatiker, Josef von Copertino, Artemis Verlag, Zürich und München ^{2}1981

Leonhard Holtz, Josef von Copertino, Gottes Kraft in menschlicher Schwäche, Johannes-Verlag, Leutersdorf ^{2}1993

Gustavo Parisciani, Der heilige Josef von Copertino, Verzückung, Gefängnis, Heiligkeit, Verlag Basilika, Osimo ^{2}1996

Leonhard Lehmann (Hrsg.), Das Erbe eines Armen, Franziskus Schriften, Topos, Butzon und Bercker, Kevelaer ^{2}2001

Giuseppe Celso Mattellini, Giuseppe da Copertino, Uomo Santo, Edizioni Messageri, Padova 2003

San Giuseppe da Copertino, Il Santo delle meraviglie, Editrice Shalom, Camerata Piceno 2008

Gustavo Parisciani, S. Giuseppe da Copertino. Donare Pace e Bene, Osimo ^{2}2009

Gottfried Egger OFM, Maria und die Franziskaner, Miriam-Verlag, Jestetten 2010

Wolfgang Gottfried Buchmüller, Ruhen im Geist, Charismatische Phänomene in der Kontroverse, Danielis Verlag, Jestetten 2012

Vom selben Autor

Gottfried Egger OFM

Sie lebten wie Franz und Klara

Franziskanische Zeugnisse durch die Jahrhunderte

296 Seiten, broschiert, 5,00 Euro,

Franziskus und Klara von Assisi haben zahllose Menschen inspiriert. Ihre Form einer radikalen Gottesnachfolge im Geist der Armut und der Liebe zum Mitmenschen und zur Schöpfung prägten die Kirche und Gesellschaft nachhaltig. In sechzig Lebensgeschichten wird gezeigt, wie unterschiedlich das Charisma franziskanischer Christusnachfolge durch die Jahrhunderte hindurch gelebt wurde und gelebt werden kann.